En sus manos

Diseñada para vencer

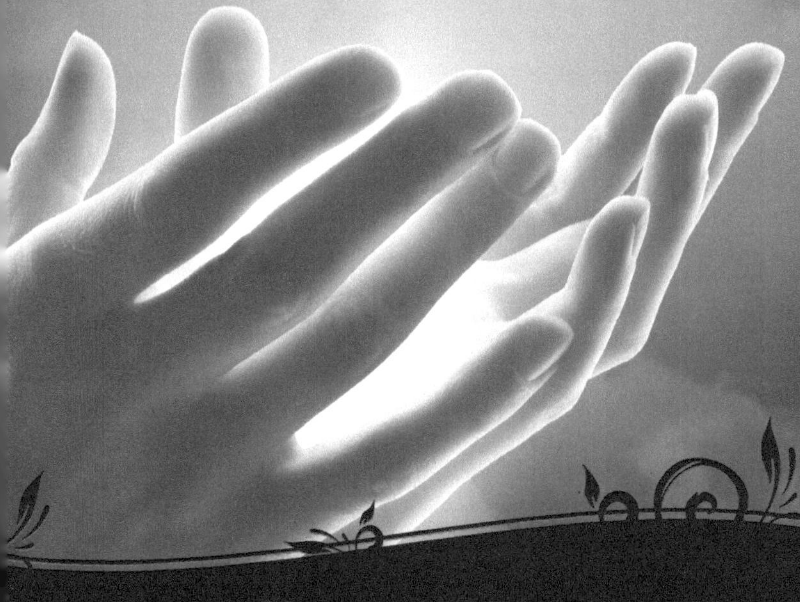

Olga Beatriz Pérez Berrelleza

Agradecimientos

Con amor eterno a mi papá † y mamá
Mis hermanos Lur y Rodolfo
Mis tesoros Jesús Eduardo, Angel Noé y
David Santiago
Mi esposo Jose Antonio e hijos de la vida Megan, Marko e
Ivanna
Mis amados sobrinos Polito, Edgar, Kevin, Natali,
mi cuñado Leopoldo.
Mis amigos y para ti.

Índice

Dedicatoria

Este trabajo está dedicado primeramente a Dios por la oportunidad que me da en plasmar mis pensamientos, sentimientos y experiencias en estas páginas con el único propósito de ayudar a cada corazón que busque en ellas un consuelo y mensaje de fe, esperanza y oportunidad de volver a empezar que siempre es posible.

La vida nos lleva por sendas indescriptibles e inimaginables pero cada persona tenemos la capacidad de adaptarnos a cada situación y de cada experiencia obtener el aprendizaje necesario para crecer, madurar, continuar acompañado de la fuerza para acrecentar cada vez más nuestra fe.

Este libro está definitivamente dedicado a las personas más importantes de mi vida y por no dejar fuera a nadie menciono a quienes son mis raíces y mi continuidad en este mundo tan maravilloso que Dios me ha permitido vivir y disfrutar con sus alegrías y situaciones que no siendo tan buenas han permitido que sea la mujer que soy.

A mis padres Rodolfo † y Amalia que son la razón de mi existir y mi esencia. Ellos son los que con su amor, cuidados, consejos y enseñanzas me han abierto el camino para que sea una mujer responsable y fiel a mis convicciones con identidad y propósito en la vida, sin su presencia y el gran cuidado que tuvieron en transmitirme su fe estas páginas no hubieran existido.

A mis hijos Jesús Eduardo, Angel Noe y David Santiago, ángeles del cielo que Dios me regaló y puso en mis manos para darles todo mi amor y sean el motivo de mi ser y la razón de mi día a día.

Ellos iluminan mi corazón y me hacen ser un mejor ser humano. Los amo profundamente.

Mis hermanos Lur y Rodolfo que son mis dos pilares en los que me he sostenido en mis penas y alegrías compartiendo cada experiencia de vida y unidos por un lazo de amor inquebrantable. Mi profundo amor, respeto y admiración para cada uno.

Mis sobrinos Polito, Edgar, Kevin y Natalia así como mi cuñado Polo y mi nuera Any que son parte fundamental de mi familia, con quienes vivo, sonrío, lloro, aprendo y continúo siendo siempre juntos e incondicionales disfrutando de lo que más nos emociona hacer pasarla bonito y en familia.

Mis hijos de la vida Megan, Marko e Ivanna y hermanos de mis hijos que son el regalo y la extensión de nuestra familia llenándola de alegrías y formando un mundo lleno de amor, comprensión, tolerancia, respeto, complicidad y felicidad.

A mi esposo José Antonio que al encontrarnos pudimos experimentar la dicha y la estabilidad que puede dar el amor acompañado de equilibrio, paz, sueños compartidos y la facilidad de tener propósitos definidos como pareja y familia.

A mi familia y amigos en general por su amor y la alegría de que sean parte de mi vida, a quienes estuvieron detrás de este trabajo e hicieron posible que este sueño esté hoy en sus manos, a todos y cada uno de ustedes….. Gracias!

Olga Beatriz

Presentación

El naturalista, extasiado, observaba la riqueza exuberante de la foresta, tratando de capturar cada detalle, apuntándolo en su libreta: hojas de nervaduras alternas, de bordes lisos y serrados, pedúnculos de formas diversas... No se dio cuenta de que comenzaba a oscurecer y que la luz del día comenzaba a huir del paisaje.

Guardó sus cuadernos, lentes y plumas en su bolso, y en la penumbra trató de encontrar el camino de regreso a la aldea donde posaba.

Pasó una y otra vez por el mismo sitio, tropezando con troncos y piedras. Creyó ver una claridad; pero, no era sino una ilusión… Estaba perdido, y al tratar de proseguir sólo conseguía herirse y desesperarse aún más.

Pensó en gritar; pero, nadie le oiría; quiso hacer señas; pero, ¿a quién? En la desesperación perdió, incluso, sus instrumentos, cuadernos y otras pertenencias.

Sus ojos estaban entrenados para observar con hábil minuciosidad cada detalle de una hoja, los intrincados laberintos de un sarmiento enroscado, los sorprendentes matices del pétalo de una orquídea. Sin embargo, no era capaz de mirar más allá de un metro de sus ojos, pues todo era ya oscuro. Todo su bagaje de conocimiento, preparación e intuición no servía ahora para nada.

Al límite de su cordura se dejó caer al suelo, impasible, como buscando dónde aferrarse y sentir algo de esquiva seguridad. El suelo estaba frío y húmedo.

Ya desfalleciente, sus ojos se abrieron desmesuradamente para captar en toda su magnitud la tenue luminosidad que a lo lejos se movía entre las ramas. ¿Sería posible o era acaso otra ilusión? La luz se hacía cada vez más grande y se dirigía hacia donde él estaba, dando leves tumbos acompasados.

Junto con la luz oyó los pasos de alguien que caminaba, llevando un farol de kerosén para alumbrar sus pasos. El naturalista no se movió hasta que los pasos se detuvieron junto a él.

— ¿Está usted herido? ¿Enfermo?... ¿Necesita ayuda?

— Sólo estoy… perdido — balbuceó, con voz temblorosa y débil.

— No tiene que hacer otra cosa, sino seguirme. Yo vivo en la aldea cercana y ahora me dirijo a mi casa. Soy leñador, y se me hizo más tarde que de costumbre en mi trabajo. Conozco este bosque como la palma de mi mano. No tiene nada que temer.

¡Oh, maravillosas palabras que sonaron como la más sublime de las melodías a los oídos del botánico! Ya no estaba perdido. Se incorporó, recogió las pertenencias que pudo alcanzar y se dispuso a seguir a su guía. Al caminar tropezó y cayó varias veces, tampoco sabía por dónde iba; pero, ya no estaba perdido. Igual sentía cansancio y dolor en sus heridas; pero, algo hacía todo diferente: siguiendo al baquiano ya no estaba perdido. Lo demás ya no importaba.

La vida nos suele encantar con sus efímeras quimeras. El mundo nos seduce con la embriaguez de su propaganda, modas, música, cine, televisión y cuanta vanidad ofrece para saciar la sed y el hambre que cada ser humano tiene. Nuevas necesidades son creadas cada día.

"Ars longa, vita brevis", como es citado por el antiguo sabio Hipócrates en sus Aforismos, quiere decir, quizás, que la vida no alcanza para desarrollar toda la potencialidad humana.

Sin embargo, una cosa sí es cierta, la vida de pronto no nos alcanza, y nos damos cuenta de que no hemos realizado nuestros sueños. La vida se acaba. Tristemente a muchos se les va extinguiendo poco a poco y no se percatan de esa realidad, y perecen en medio de sus existencias, aspiraciones, placeres, vanaglorias y afanes cotidianos.

La traslación de esta realidad a aquella donde las proyecciones y perspectivas son ahora realmente nuevas es posible solamente a través de un medio externo. San Pablo lo declaró así:

"De modo que si alguno está en Cristo, nueva criatura es; las cosas viejas pasaron; he aquí todas son hechas nuevas" (2 Corintios 5:17).

En Cristo, esa es la clave: estar en Él.

La autora nos ofrece sus vivencias, con tropiezos y todo, y las perspectivas que podía tener desde donde se hallaba. No obstante, no ofrecieron una real solución a su desesperanza. Todo eso cambió cuando el Guía celestial apareció en su vida y la invitó a iniciar el camino de regreso… Y allí va.

Me permito agregar a su relato una invitación al lector: no basta con enternecerse, o incluso compartir las emociones de la autora; es necesario realizar un autoexamen y concluir dónde está cada quién y qué hará de ahora en adelante.

Dios le ilumine, amigo lector, y sea una preciosa oportunidad para iniciar el camino a casa.

Eduardo Jonquera Silva
Teólogo y enfermero profesional

Prólogo

Uno de los objetivos del ser humano es alcanzar la felicidad; de ahí el problema de tomar las decisiones correctas. Saber si las ha tomado o no lo llevan a una serie de dificultades; pero, al final cada uno es responsable de ello, y aunque no sea lo esperado, se pagarán las consecuencias.

Dios nos dio un libre albedrío para decidir qué hacer, y no se opone a ello, sino que deja que el ser humano tome el camino que desee.

Lo que nos lleva a la separación de Dios, indudablemente, es el pecado, de ahí la necesidad de que cada uno conozca el plan de Salvación.

"Dios, habiendo hablado muchas veces y de muchas maneras en otro tiempo a los padres por los profetas, en estos últimos días nos ha hablado por el Hijo, a quien constituyó heredero de todo y por quien asimismo hizo el universo. Él, que es el resplandor de su gloria, la imagen

misma de su sustancia y quien sustenta todas las cosas con la Palabra de su poder, habiendo efectuado la purificación de nuestros pecados por medio de Sí mismo, se sentó a la diestra de la Majestad en las alturas"... (Hebreos 1:1-3).

Dios habla hoy, a través de Jesús, quien es el Camino, la Verdad y la Vida, pues nadie llega al Padre si no es a través de Él.

Hoy los cristianos, como parte del Cuerpo de Cristo, están llamados a predicar estas buenas nuevas de salvación, además de dar testimonio en la unidad de la fe, cumpliendo así lo que Jesús dejó como mandamiento perpetuo: "Amarse los unos a los otros".

La armonía y la paz que se percibe en este testimonio, después de una vida de sufrimiento, es la respuesta de Jesús para todo aquel que le busca y se somete a su voluntad, no como una religión, sino como una relación personal con Aquel que nos hace el llamado a su Luz para que no andemos en tinieblas.

Yo, como hijo de Dios, nacido de nuevo por el poder del Espíritu Santo, estoy convencido y comparto estas líneas con un cariño especial, sabiendo que la autora de este libro es un testimonio viviente de que Jesucristo es la única respuesta a nuestra vida y la mejor decisión, si queremos estar un día con Él en la eternidad.

Mariano Contreras R.

Introducción

Escribiendo estas líneas inicio, creo yo, un sueño maravilloso, pues tomo en cuenta que siempre, en mi corazón, desde muy pequeña, tuve el anhelo de escribir y mostrar mi alma…

No sabía el tiempo, el lugar o lo que escribiría. Pienso, más bien, que era algo que tenía que suceder si algún día lo intentaba. Recuerdo las palabras de mi papá: "¡Tienes tanta facilidad para escribir y desbordar tus sentimientos con una hoja y un lápiz!". Confieso que no veía el momento y cómo comenzar a hacerlo.

Puedo asegurar, sin equivocarme, que uno de los momentos más hermosos de mi vida fue el cambio experimentado cuando acepté a Jesucristo como mi Señor y Salvador personal.

Todavía no puedo describir ese momento, en esa noche de angustia cuando sentía que mi vida se rompía en pedazos, cual cristal deshecho por el contacto con el suelo después de haber sido lanzado desde el vigésimo piso de un edificio... Como rompecabezas con piezas casi imposibles de encontrar y de ensamblar de nuevo...

Describir ese instante donde experimentaba todo... soledad, depresión, tristeza, angustia, temor... Un temor frío que inundaba mi corazón y mi razón...

Todos aquellos sentimientos que sólo provienen del enemigo, quien encuentra el momento de perturbarnos con la finalidad de engañar, fueron sanados en mí, restaurados, justificados y lavados por su presencia...

No sé como pude siquiera mencionar aquellas palabras de entrega a Jesús... pero, sé que fue esa persona, mi amiga incondicional de tantos años, de tantas vivencias, quien me guió y llenó mi sala esa noche con la presencia del Espíritu Santo para hacer la declaración más importante e impactante de mi vida.... Sabía lo que sucedería a partir de ese momento.

Jesús ganó la primera victoria en mi vida. Venció por primera vez al enemigo por mí, sin que yo imaginara lo que estaba sucediendo. Por supuesto, no fue con una varita mágica que inmediatamente borró todas las circunstancias por las que estaba atravesando en ese momento en mi vida…

Segundo divorcio, sola con mis dos hijos, enfrentándome a la familia y al mundo con esa carga. Mi economía estaba por los suelos y tenía la frustración de una mujer que está frente al "segundo fracaso de su vida"… Había desesperanza y falta de ánimo.

El rostro de mi hijo mayor me preguntaba en silencio por qué tanta adversidad; sin embargo, siempre tenía su mirada llena de amor. A la par, la vida frágil de un niño de casi dos años dependía solamente de mí… Bajo este esquema, es posible imaginar cómo me sentía, cómo estaba, e incluso, cómo me veía.

Fue a la mañana siguiente cuando empecé a tener conciencia de lo que sucedía: estaba aceptando por primera vez en mi vida a Jesús, y le decía que podía entrar a mi corazón. Le estaba abriendo las puertas, permitiéndole que entrara y sanara mi vida, intercediendo por mí ante el Dios misericordioso. Le pedía que me enseñara a no confiar en mis fuerzas humanas, sino a depender completamente de Él.

Es un aprendizaje lento, que no termina. Sin embargo, en el camino nos llena de amor, paz, tranquilidad, emoción, dicha, humildad, entrega, bondad y ternura como jamás se haya experimentado.

Caminar con Jesús es el camino de verdad y amor más maravilloso, y nos ha mantenido vivos con fe y esperanza a mis hijos y a mí. Nos llena de amor y gratitud cada mañana, motivándonos a vivir victoriosamente a diario por Él y para Él. Nos invita a servir y a dar conforme a su propósito, y nos llena en cada momento de la vida.

No pretendo enseñar ni decir que esta es la guía para llegar a Jesús; cada quien tiene que llegar a Él por los caminos propios, con base en las experiencias personales para amarlo y entregarse con todo el ser.

Quiero compartir cómo fue que nuestra experiencia con Él ha transformado nuestras vidas, y nos sigue llevando de su mano al conocimiento pleno de Dios, guiando nuestros corazones hasta lograr tener, mis hijos y yo, uno conforme al corazón del Padre.

Capítulo 1

"Vivir agradecidos con Dios"

Alaba alma mía al Señor, y no olvides ninguno de sus beneficios (Salmo 103: 2).

Abrir nuestros ojos todos los días y reconocer que si seguimos en este mundo es sólo por la gracia de Dios y su misericordia es ya es una bendición.

¿Han observado alguna vez lo maravilloso de un amanecer, cuando las estrellas se esconden en la sonrisa del alba, cuando la brisa de la mañana cae sobre nuestro rostro y el sol empieza a asomar prometiendo un día lleno de luz, de energía y de fragante calor que nos estimula para emprender nuestras actividades?

Es un espectáculo único de la perfecta creación del Señor, así como el día lluvioso admirado detrás de la ventana, que nos muestra lo delicado que es el amor de Dios por bendecirnos con los cambios de la naturaleza. Así de maravillosa es su obra en nosotros.

"Agradezcamos cada aliento, cada latido de nuestro corazón, cada lágrima, cada sonrisa, cada momento para compartir, para estar en soledad o acompañados por Él. ...den gracias a Dios en toda situación, porque esta es su voluntad para ustedes en Cristo Jesús" (1 Tesalonicenses 5:18).

Cuando aprendemos a ser agradecidos las puertas del Cielo se nos abren, porque toda buena obra hecha en la Tierra tiene su consecuencia en el Cielo, y por añadidura somos parte de la gracia de Dios.

No hay nada más hermoso para el corazón que aprender dos principios, para mí, fundamentales:

1. SERVIR A LOS DEMÁS

Desde el momento en que decidí aceptar a Cristo ante Dios, su único y amoroso hijo como mi Señor y salvador personal, entendí que estaba participando de sus promesas para mi vida, y empecé a comprender que, si deseaba con todo mi corazón seguir siendo coheredera con Jesús en el Cielo, tenía que entregarme en cuerpo y alma aquí, sirviendo incondicionalmente, pues eso fue lo que vino a hacer Jesús a este mundo.

Hay que servir obedeciendo siempre, porque vivió las mismas circunstancias que vivimos nosotros a diario. La diferencia fue su santidad, y que no conoció pecado. Cuando fue rechazado amó, y cuando fue tentado venció.

Al ser acusado, entregado, azotado y crucificado se hizo pecado por nosotros; pero, resistió. Su último pensamiento fue de amor a todos nosotros y de obediencia a su Padre. Vino a servir y a morir por nosotros. ¿No se nos hace eso tan grande, incomprensible y maravilloso? Murió para que fuésemos salvos; murió sirviéndonos. Lo menos que podemos hacer es tomar la salvación alcanzada por Jesús.

Que en todo momento, en nuestras mentes, esté presente la necesidad de servir. No es necesario buscar a la persona ideal, pues está a nuestro lado: padres, cónyuge, hijos, hermanos, familiares, compañeros de trabajo… el amigo que está triste, agobiado, cansado. Ahí podemos entregarnos, olvidarnos de nosotros mismos y ofrecer un pedacito de Cielo si damos amor y confortamos cualquier corazón que necesite de Dios.

Por último, algo que sacude a diario mi vida y me hace recordar lo bendecida que soy en todas las áreas es una frase que leí en un devocional: "Hoy doy gracias por lo que ayer renegaba".

Hoy vivo agradecida, sin importar lo que pase o de lo que carezca. Cuando me levanto por las mañanas y me acuesto por las noches, lo primero y último que hago, a pesar de cualquier circunstancia que me pueda rodear, es decirle, a mi Señor: "Gracias, por todas las bendiciones que tengo en mi vida".

2. SER AGRADECIDOS

Es necesario aprender a dar las gracias por todas aquellas bendiciones que hemos recibido, porque si volteamos a nuestro alrededor, tenemos más de las que podemos imaginar.

Citando las palabras muy ciertas, sencillas y llenas de significado de una gran amiga: "Debemos vivir agradecidos a cada momento por todas las bendiciones de Dios en nuestras vidas, pues tenemos más de lo que merecemos y más de lo que imaginábamos, y no nos damos cuenta".

Al ser agradecidos con Dios aprendemos a serlo por cada detalle de nuestras vidas: por nuestro trabajo, por nuestra familia, por nuestras alegrías, nuestros problemas cotidianos y por aquellos que parecen no tener solución.

Todo sucede para gloria y alabanza de nuestro Dios, y para bien, nunca para mal. Por lo tanto, seamos agradecidos de cada momento y circunstancia de nuestra vida y aprendamos a decir gracias a la persona que nos da una sonrisa y nos tiende la mano.

"Por último, hermanos, consideren todo lo verdadero, todo lo respetable, todo lo justo, todo lo puro, todo lo amable, todo lo digno de admiración, en fin, todo lo que sea excelente o merezca elogio" *(Filipenses 4:8).*

REFLEXIÓN

¿Qué tenemos que no sea de Dios?
¿Cómo vivimos hoy la salvación?
¿Cómo te agradecemos, Señor?

TIEMPO DE MEDITAR

Padre celestial, que por medio de tu hijo Jesucristo, por quien nos otorgas el perdón y la libertad de vivir bajo tu amparo, no permitas que cautivos continuemos sentenciados a la muerte. Permite, más bien, que a tu lado, al librarnos de morir y permitirnos vivir en tu gracia por la sangre de tu hijo derramada en la cruz, nos mantengamos con la esperanza y la fe que nos da la oración bajo la unción que proviene de Ti, a través del Espíritu Santo, que nos fortalece y nos da la sabiduría para encontrarte y glorificarte a cada momento, para que vivamos en santidad y amando tu paz. Permítenos ir más allá del valle donde vivimos sujetos a frustraciones, envidias, tentaciones de la carne y enemigos de la fe, y que mediante tu amor y la compañía de Cristo podamos llegar a la cúspide de la montaña en nuestra lucha contra el mundo. No con las armas del mundo, sino con el poder divino de tu Palabra, que somete toda altivez y desconocimiento de Ti, Padre, para obtener la libertad que nos has prometido y mantenernos firmes en tu amor a través de la verdad de tus preceptos. En el nombre de Jesús. Amén.

Capítulo 2

"Vivir únicamente para Dios"

Amarás al Señor tu Dios, con toda tu alma, con toda tu mente y con todo tu corazón (Deuteronomio 6:5).

No hay nada en este mundo que nos llene, en todos los aspectos de nuestra vida y en cada momento, como la presencia de Dios.

Antes de continuar quiero establecer lo que podrían ser los tres principios vitales de una vida cristiana entregada a Dios.

1. Buscar la presencia de Dios cada momento, entregándole nuestro corazón.

2. Vivir diariamente enamorados de Cristo, fortalecernos y alimentarnos en su presencia.

3. Llenarnos del Espíritu Santo.

BUSCAR LA PRESENCIA DE DIOS

Muchos podrán decir que siempre tienen a Dios en su vida, que son agradecidos, hacen el bien, tratan bien al prójimo, respetan a su familia, trabajan honestamente… Siempre hacen el bien.

Sin embargo, vivir realmente en la presencia de Dios va más allá de ser buenos. Es, más bien, vivir sumergidos en su amor, agradecidos por su gracia y temerosos de Él.

"Por la mañana hazme saber de tu gran amor, porque en Ti he puesto mi confianza... Señálame el camino que debo seguir porque a Ti elevo mi alma" (Salmos 143:8).

Se trata de un temor que nos llena de amor y de esperanza de que sus promesas sean cumplidas en nosotros, ya que aceptamos su voluntad y sus propósitos, para que sean sean llevados a cabo a su manera, no a la nuestra.

"El temor del Señor es el principio del conocimiento, entonces comprenderás el temor del Señor y hallarás el conocimiento de Dios.

Porque el Señor da la sabiduría; conocimiento y ciencia brotan de sus labios" (Proverbios 1:7; 5:6).

Es postrarnos ante Él para ser dignos de estar en su presencia y decirle: "Señor sólo Tú importas en mi vida. Tú eres el dueño de mi ser y a Ti quiero ir. En Ti quiero descansar y deposito mis afanes para que Tú me fortalezcas, me bendigas y con tu infinita misericordia me redimas, me perdones y me sanes".

Que Él sea todo para nosotros. Los seres humanos a veces vivimos confundidos; pensamos y creemos que si no tenemos ciertas cosas o no contamos con ciertas personas, nuestros actos, pensamientos y caminos están incompletos.

Nos atamos al mundo y no dejamos que Dios tome el control de nuestras vidas. Nos atamos a las cosas con las que habíamos soñado, así como al amigo, la amiga, el cónyuge, los hijos, los padres…

Sin embargo, resulta que todo eso pierde su valor inicial y las personas nos fallan. Estamos perdidos en el mundo porque no hemos aprendido a poner nuestros ojos y a fijar nuestra vista en lo verdaderamente importante. Más allá de todo lo demás y el mundo, pongamos nuestros ojos, nuestro corazón y todo nuestro ser en Dios.

"Al Rey eterno, inmortal, invisible, al único Dios, sea honor y gloria por los siglos de los siglos" (1 Timoteo 1:17).

No busquemos atesorar riquezas o amistades, ni basemos la vida en nuestras propias fuerzas. Pongamos toda nuestra existencia en el Rey de la Creación. Sólo a Él debemos la adoración por siempre.

"No tengas otros dioses además de Mí" *Deuteronomio 5:7).*

VIVIR ENAMORADOS DE CRISTO BUSCANDO SU PRESENCIA

Siendo honesta, no creo poder aportar más a este punto. Está todo dicho. Todo, absolutamente todo lo podemos en Cristo, quien nos da la fuerza, el aliento, el amor, la capacidad y la tranquilidad. Estando con Él, rendidos, humillados y obedientes, todo es posible.

Nuestras angustias se desvanecen, nuestros afanes desaparecen, nuestra esperanza y nuestra fe son cada vez más fuertes si creemos en su Palabra de no dejarnos solos, de que acudamos ante Él para que nos lleve confiados al trono de la Gracia, a la presencia de Dios, y pidamos.

"Así que Yo les digo: Pidan, y se les dará; busquen y encontrarán; llamen y se les abrirá la puerta. Porque todo el que pide recibe; el que busca encuentra; y al que llama, se le abre" (Lucas 11:9-10).

Cuando nuestro Señor Jesús se acercaba al momento de la cruz, sus discípulos le preguntaron cómo podrían conocer el camino sin Él, y la respuesta fue sencilla:

"Yo soy el camino, la verdad y la vida —les contestó Jesús–. Nadie llega al Padre sino por Mí" (Juan 14:6).

La fórmula es simple y llena de bendiciones para quienes aprenden a utilizarla: seguir a Jesús en cada momento, en cada pensamiento, aliento y decisión.

"La actitud de ustedes debe de ser como la de Cristo Jesús"… (Filipenses 2:5).

Vivir completamente enamorados de Cristo es tomar la decisión más importante, hermosa y sabia de nuestra existencia.

"Porque para mí el vivir es Cristo y el morir es ganancia" (Filipenses 1:21).

LLENARNOS DEL ESPÍRITU SANTO

No puede existir una relación íntima con Dios si no es a través del Espíritu Santo, ya que es Él quien nos revela todas las cosas de Dios y nos permite comprenderlas.

Jesús mismo, antes de ser crucificado, les dijo a sus apóstoles que tenía que irse, pues era necesaria su partida para que pudiéramos recibir al Espíritu Santo.

"Pero les digo la verdad: Les conviene que me vaya porque, si no lo hago, el Consolador no vendrá a ustedes; en cambio, si me voy, se lo enviaré a ustedes. Y cuando Él venga, convencerá al mundo de su error en cuanto al pecado, a la justicia y al juicio; en cuanto al pecado, porque no creen en Mí; en cuanto a la justicia, porque voy al Padre y ustedes ya no podrán verme; y en cuanto al juicio, porque el príncipe de este mundo ya ha sido juzgado" (Juan 16:7-11).

El Espíritu Santo nos guía en la oración; sin Él no sabríamos cómo pedir, porque nuestras intenciones no llegarían correctamente a Dios. Por eso sucede que, a veces, creemos que Dios no nos escucha; sin embargo, no es que no escuche, sino que pedimos y no recibimos porque pedimos de forma incorrecta.

"Y cuando piden, no reciben porque piden con malas intenciones, para satisfacer sus propias pasiones" **(Santiago 4:3).**

Entonces, cuando permitimos que el Espíritu Santo viva en nuestros corazones, es cuando hay una oración sincera y agradable a Dios.

"Pero cuando venga el Espíritu de la verdad, Él los guiará a toda la verdad, porque no hablará por su propia cuenta sino que dirá sólo lo que oiga y les anunciará las cosas por venir" **(Juan 14:12-14).**

Por eso cuando Jesús nos habla del Espíritu Santo nos habla de su paz, de su amor y de la tranquilidad en fe que debe haber en cada uno de nosotros para resistir al mundo y esperar el cumplimiento de las promesas.

"Yo les he dicho estas cosas para que en Mí hallen paz. En este mundo afrontarán aflicciones, pero ¡anímense! Yo he vencido al mundo" **(Juan 16:33).**

Jesús es la presencia misma reflejada en el Espíritu Santo y la unción es el poder de Dios. Cuando somos llenos del Espíritu Santo su unción desciende sobre nosotros y recibimos entonces el poder de Dios en nuestras vidas para actuar obedientes llevando su Palabra. Todas las mañanas es mi tiempo preferido del día para encontrarme a solas con Dios, y le platico mis sueños y anhelos; le abro las puertas de mi corazón para que vaya creciendo en Mí. Le pido sólo una cosa: "Jesús, lléname con tu infinita misericordia. Úngeme con tu Espíritu Santo, porque soy tu hija y quiero ser fiel a Ti". Al final termino derramada en gratitud a Él.

TIEMPO PARA MEDITAR

Señor, Padre misericordioso creador de todo sobre la Tierra, quien reina sobre todas las cosas, ponemos en esta oración nuestra debilidad ante Ti. Te pedimos que alejes de nosotros todo pensamiento, actitud, persona o cosa que nos produzca esclavitud con el mundo. Permítenos liberarnos del yugo de la idolatría, porque Tú, Padre eres el YO SOY, el Todopoderoso; porque eres nuestra roca y nuestra salvación, Rey eterno e inmortal a quien debemos toda la honra y gloria. Permite que abramos nuestros ojos y reconozcamos las maravillas de tu creación, obra de tus manos, las cuales son fieles y justas, y sigamos tus preceptos que son dignos de confianza, establecidos con rectitud y fidelidad; para librarnos del pecado y amarte siempre, sabiendo que Tú estás por encima de todo y seamos librados de aquello que intente atarnos al mundo. Permítenos recibir en nuestro corazón al Espíritu Santo, quien es consolador y guía, y entregarnos cada momento a Ti. En el nombre de Jesús. Amén.

Capítulo 3

"Venciendo la incredulidad"

Dichosos los de corazón limpio, porque ellos verán a Dios (Mateo 5:8).

En mi caminar diario sucede muchas veces que me pierdo por instantes, aunque no permito que sean largos en la mayoría de las ocasiones, y empiezo a hacerme mil preguntas sin respuestas. ¿Por qué me pasan estas cosas a mí? ¿Por qué tal cosa que inicié no obtuvo el propósito que buscaba? ¿Cuándo fue que me desvié de mi objetivo sin darme cuenta? ¿Por qué me siento realmente tan cansada si comparto gozo, alegría y poder en Dios?

Es natural que sucedan estas cosas; pero, lo importante es no caer en la apatía y no permitir que esos momentos donde nos sentimos espiritualmente secos se prolonguen. Inmediatamente debemos pedir ser llenos del Espíritu de Dios.

He entendido que los malos pensamientos son pecado, y que titubear un sólo instante le da una oportunidad de victoria a Satanás para separarnos en ese momento de la gloria de Dios. Por eso, creo de gran importancia mantenerse en pie de guerra en contra de nuestra propia incredulidad, pues es un estorbo en nuestra meta final.

"Al ver a las multitudes, tuvo compasión de ellas, porque estaban agobiadas y desamparadas, como ovejas sin pastor" (Mateo 9:36).

Lo más importante es fortalecernos diariamente a través de la oración, la cual es el arma más poderosa que tenemos para luchar contra todo lo que quiera robarnos la paz que tenemos en nuestro Padre.

He entendido que si estoy llena de Jesús entonces el amor inunda todo mi ser y me hace fuerte y capaz de levantarme cada mañana llena de gozo, porque sé que Él es mi guía, que pelea las batallas por mí, que es mi protector y que estando en su presencia nada, absolutamente nada, me tocará. Que nada ocupará mi mente sino Él; y mi carácter, entonces, reflejará su carácter, y mis pensamientos serán sólo de victoria, fe y pasión.

"Grábame como un sello sobre tu corazón; llévame como una marca sobre tu brazo. Fuerte es el amor, como la muerte, y tenaz la pasión, como el sepulcro. Como llama divina es el fuego ardiente del amor" (Cantares 8:6).

TIEMPO PARA MEDITAR

Señor, ponemos nuestro ser y nuestro corazón rendidos a Ti. Miramos al mundo y reconocemos tu grandeza, Padre; que nada somos sin estar a tu lado. Aumenta nuestra fe mediante la oración, porque la fe obra milagros y todo lo que pidamos en oración creyendo, dice tu Palabra, lo obtendremos. Que nuestra incredulidad Señor, que a veces nos somete, quede derrotada, aplastada y desaparezca de nuestra alma, que está llena de limitaciones; que no nos impida ver tus maravillas y creer en tus promesas de vida eterna. Espíritu Santo, te pedimos que aumentes nuestra fe; pero, que no sea titubeante como las olas del mar agitadas y llevadas de un lado a otro por el viento, que no se vuelva quebrantable como cuando los discípulos temieron en la barca; que sea tan grande y fuerte como la de los ciegos que fueron sanados. Queremos ser restablecidos Padre, por medio de tu Hijo Jesús, porque Tú has dicho que la fe es la esperanza de lo que esperamos, y que ya lo hemos recibido en oración y creyendo en Ti. Llénanos de tu gracia, que nos lleva a superar todo sufrimiento y persecución, y por la cual nuestros actos son tomados como justicia. Padre, que al caminar contigo nuestra constancia nos fortalezca en amor y generosidad, creyendo que saldremos victoriosos y llenos de júbilo. En el nombre de Jesús. Amén.

Capítulo 4

"*La* humildad doblegando nuestro orgullo"

Con el orgullo viene el oprobio; con la humildad, la sabiduría (Proverbios 11:2).

Mis años de universidad fueron los que más marcaron mi vida. Hasta el día de hoy todavía recuerdo con claridad como si lo estuviera viviendo, y no dejo de avergonzarme por un segundo por una ocasión, en la que por mi falsa vanidad y un orgullo tatuado en todo mi ser, avergoncé a un compañero de carrera frente a todo el grupo. El único delito del joven era pretenderme, y como no lo creía digno de mí, no permití que nuestro maestro nos pusiera juntos en una dinámica. "Primero repruebo la materia que dirigirle la palabra a éste"… Esas fueron mis crueles palabras.

Como esta situación que les narro, hubo más. Llegó un momento en que no podía creer hasta dónde podía ser capaz de ofender a una persona con mis palabras o mis actitudes; por donde pasaba mi imagen mostraba arrogancia y altivez.

Durante mucho tiempo le pedí perdón a Dios y le supliqué que por su infinita misericordia quitara de mí tan horrenda conducta que me marcaba. Pasó mucho tiempo para que la gente se diera cuenta de que esa persona que conocieron en un tiempo había sido transformada por puro amor... el de Dios.

Después de haber entregado mi vida a Cristo tuve que soportar en silencio comentarios respecto a mi conducta pasada, y permitir que Él obrara dentro de mí para entender que aquello era lo que yo había construido, y que con pura paciencia y humildad podría lograr que esas personas, a las que herí, o que me conocieron desde mis años de secundaria hasta mi juventud, me dieran la oportunidad de reconocer a la que hoy era en Cristo.

Cuando nos escudamos en el orgullo nos volvemos arrogantes, abusamos de nuestra condición de soberbia para humillar, abusar y maltratar a las personas; aparentamos una falsa fortaleza para no mostrar nuestras carencias de carácter, de amor, de paz, de Dios. Somos débiles de espíritu que anhelamos reconocimiento y respeto por medio de opresión y de falsa amistad y cariño.

"Por eso lucen su orgullo como un collar, y hacen gala de su violencia" (Salmos 73:6).

Es muy importante, por un momento, volver los ojos a nuestra vida y ver hasta dónde hemos llegado. Si algo en nuestro corazón guarda orgullo, pidamos a nuestro Señor Jesús que nos

proteja con su sangre preciosa y nos lave con el poder de su Espíritu, limpiándonos día con día y cambiando nuestro orgullo por su humildad y sencillez.

El temor del Señor es el principio de la sabiduría. Para mí es vital saber que debo caminar conforme a la voluntad de Dios, permitiendo que mi espíritu sea dócil al Espíritu Santo para que pueda yo identificar los propósitos de Dios y dejar que mi ser obedezca sin reservas ni condiciones. Tenemos que doblegar nuestro orgullo y permitir que Dios actúe diariamente en nosotros.

Es un menguar constante para que toda mala actitud, palabras necias y cualquier pensamiento desagradable no estorbe la obra de Dios en nuestra vida.

"Quien teme al Señor aborrece lo malo; yo aborrezco el orgullo y la arrogancia, la mala conducta y el lenguaje perverso" (Proverbios 8:3).

Cuidar mi manera de hablar y de dirigirme a las personas para mí ha sido un punto clave en mi cambio personal. Trato de que con mi voz y mi actitud las personas sientan paz al estar conmigo, y estoy pendiente de que cada movimiento, gesto y palabra que salga de mí sea para decirles que las respeto, que las amo y que cuentan conmigo.

He tenido que aprender a hablar correctamente, quitando palabras desagradables de mi vocabulario, diciendo palabras que llenen la vida de la persona; que mi consejo sea útil y que la hagan sentir que estoy para servirle incondicionalmente.

Ahora dejo que Cristo tome el control total en cada lugar donde yo esté y soy humilde siempre. Si Dios mira algo incorrecto en mi interior o en mi intención, es limpiado y cambiado solamente por Él.

"...a no hablar mal de nadie, sino a buscar la paz y ser respetuosos, demostrando plena humildad en su trato con todo el mundo" (Tito 3:2).

He tenido que pedir perdón a Dios y a las personas que más amo en la vida (porque, generalmente, son a las que más dañamos con nuestras palabras, actitudes y comportamiento.) Permito que el Espíritu del Señor me muestre y me redarguya, de tal manera que yo pueda ver que si no cambio mi corazón de piedra por uno de carne no puedo gozar de estar en la presencia de mi Señor todos los días.

Dejo que la humildad y la sencillez tomen el lugar del orgullo, y me arrepiento hasta el llanto, con dolor. Se quema de tristeza mi corazón por el daño que he causado; sin embargo, siento que el perdón de Dios, su misericordia y su gran amor van delante de mí para dar el mismo amor a esas personas que por mi ceguera herí.

"¿A quién has insultado? ¿Contra quién has blasfemado? ¿Contra quién has alzado la voz y levantado los ojos con orgullo?"... (2 Reyes 19:22).

También, de repente, empiezo a buscar ejemplos de humildad, de amor y entrega incondicional a Dios, de una fe inquebrantable en su Palabra. Encuentro a María, la madre de

Jesús, que en situaciones especiales, y en contra de su posición, aceptó ser la sierva del Señor. Obediente, sin titubear y con la fe puesta en Él, creyó y experimentó su presencia llena de amor. Así, permito que ese amor con el que llevó a nuestro Señor y Salvador en su vientre, con esa gracia con la que Dios la eligió, inunde mi ser, y que su ejemplo me llene de sencillez para rendirme a servir y obedecer con la misma fidelidad.

"Entonces dijo María: —Mi alma glorifica al Señor, y mi espíritu se regocija en Dios mi Salvador, porque se ha dignado fijarse en su humilde sierva. Desde ahora me llamarán dichosa todas las generaciones"... (Lucas 1:4648).

Empecé, poco a poco, a entender que ese orgullo, vanidad, ira y falsa arrogancia era una carga pesada sobre mi vida, mi alma y mi espíritu, lo cual me impedía caminar libre, para transmitir a mis hijos y a mí, la vida en abundancia que Dios había prometido a los que creemos en Jesús y lo confesamos día a día como nuestro Señor.

Él es quien dirige nuestros pasos y llena nuestros pensamientos; el Salvador que nos rescató de la inmundicia y las carencias en nuestras vidas, y nos lleva a su Luz admirable.

"Carguen con mi yugo y aprendan de Mí, pues Yo soy apacible y humilde de corazón, y encontrarán descanso para su alma" (Mateo 11:29).

TIEMPO PARA MEDITAR

Señor Dios, Padre mío, en este momento que estamos ante Ti, queremos declarar y confesar nuestros pecados. Nos humillamos en tu presencia y te suplicamos que en tu infinita bondad alejes y perdones nuestro orgullo y la arrogancia que habita en nuestro corazón; no queremos habitar más en las hendiduras de las rocas ni ser engañados; no queremos seguir infundiendo temor por nuestras actitudes para no caer por nuestro propio pecado. Perdónanos por los insultos y blasfemias de nuestro antiguo ser, cuando no conocíamos de tu amor y tu perdón; permítenos temerte, ya que aborreces el orgullo, la arrogancia, la mala conducta y el lenguaje perverso. Queremos permanecer humillados bajo tu poderosa mano, revestirnos de afecto entrañable y de bondad, humildad, amabilidad y paciencia; no hablar mal de nadie, buscar la paz y ser respetuosos con el mundo. Habiendo superado las pruebas, sabiendo que a tu lado todo sale bien, mantenernos pacientes y tolerantes con otros en amor, por medio de tu Hijo Jesús, de quien proviene la gracia que nos da vida y aliento cada momento de nuestras vidas. Amén.

Capítulo 5

"Renovar el corazón"

*Por sobre todas las cosas cuida tu corazón, porque de él
mana la vida (Proverbios 4:23).*

Estaba sentada en el sillón de mi sala, repasando el estudio bíblico para el día siguiente (mi día preferido de la semana desde hace un par de meses). Por gracia de Dios, y porque a Él le plació, abrió las puertas de mi hogar para que otras mujeres pudieran orar allí. Quiero hacer notar que fue porque a Él le agradó que así fuera, no por méritos míos ni por obras mías, sino porque quiso traer bendición a mi vida a través de hermosas mujeres que cada jueves llegan a mi hogar.

Cuando nosotros confesamos a Cristo como nuestro Señor y Salvador personal, las personas que están a nuestro alrededor están expectantes y vigilantes de nuestras conductas y reacciones, y si algo no sale de acuerdo a la idea que ellas tienen de vivir una vida cristiana, inmediatamente surge el juicio y la falsa posición: "Para ser como tú, mejor donde estoy", "¿No que eres cristiano? ¿Qué no deberías ser más humilde, sencillo, amoroso, no tener problemas o ser menos egoísta, orgulloso, vanidoso?".

Es muy importante reconocer que somos seres humanos, llenos de imperfecciones, que tratamos de caminar una vida recta de acuerdo a la voluntad de Dios. Fallamos; pero, el Espíritu Santo que mora en nosotros nos hace volver los ojos a Dios constantemente.

Podemos pedir perdón las veces que sean necesarias si ofendemos, y buscar ayuda si estamos en tiempos de necesidad, o dar y servir sin condición. Es ese mismo Espíritu quien diariamente nos enseña, nos confronta, nos guía e instruye en justicia.

La mayoría de nosotros, antes de volver nuestros ojos a Dios y pedir perdón por nuestros pecados y aceptar vivir una vida dedicada a Él, obramos incorrectamente e hicimos cosas que pueden tener todavía consecuencias en nuestro vivir actual.

"En otro tiempo también nosotros éramos necios y desobedientes. Estábamos descarriados y éramos esclavos de todo género de pasiones y placeres. Vivíamos en la malicia y en la envidia. Éramos detestables y nos odiábamos unos a otros" (Tito 3:3).

Podemos seguir arrastrando todavía las consecuencias de nuestros errores, y aún así no nos volvemos desmerecedores de la gracia de Dios, sino que con su amor, bondad y ayuda empezamos a dejar de luchar con nuestras fuerzas, y en lugar de eso lo hacemos con su poder divino para confiar que Él proveerá los medios para solucionar y vivir una vida victoriosa en Cristo.

En mi experiencia he de confesar que me he equivocado muchas veces, pues en ciertas ocasiones puse mi confianza en personas que abusaron del amor y de las puertas abiertas de mi corazón para amarlas y darles todo lo mejor que tenía de mí. Me dolió el desengaño, y dejaron huellas y heridas muy profundas; pero, Dios en su infinito amor me ha consolado y me ha dado la paz que perdí en esos momentos de desengaño.

En mi necesidad de afecto y de comprensión cometí equivocaciones; sin embargo, no por eso dejé de tener una comunicación con Dios, y tampoco dejé de creer cada día que Él renueva los planes que tiene para mí. Solamente vine a Él con un corazón lacerado pidiendo restauración y sanidad.

"Crea en mí, oh Dios, un corazón limpio, y renueva la firmeza de mi espíritu" (Salmo 51:10).

He aprendido que, aunque la verdad duela, sea terrible o lastime, ella siempre debe salir de nuestros labios y ser el sello distintivo en nuestras vidas. Aunque parezca tan difícil en ocasiones enfrentar situaciones y en momentos deseemos evadir la realidad y buscar atajos, nada, absolutamente nada nos colocará como hijos verdaderos de Dios ante los hombres, que ser sinceros y limpios de corazón.

Confiemos en que, en Jesús, todo lo podemos, y que Él está en nuestros pensamientos, sentimientos y actitudes. Confiando en Él todo es más fácil, y el gozo y la bendición de obrar conforme a la voluntad de Dios se vuelve algo inamovible, sublime, eterno.

TIEMPO PARA MEDITAR

Señor Dios, permite en esta oración despojarnos de la malicia y la envidia en la que hemos vivido. Nos arrepentimos por ser débiles y en ocasiones ser zarandeados por la astucia y los artificios de quienes emplean artimañas engañosas. Crea en nosotros, oh

Dios, un corazón limpio y renueva dentro de nuestro ser el Espíritu Santo de la verdad, que nos guía y anuncia las cosas por venir. Ese Espíritu Consolador que procede sólo de Ti, y que nos toca el corazón, para que lleno de amor y sabiduría, mane de vida. Queremos amar con hechos y con verdad; ser libres en el conocimiento de tu Palabra, creyendo en tus promesas, que es viva y eficaz, más cortante y poderosa que espada de dos filos, que penetra hasta el alma y el espíritu, hasta las médula de los huesos y juzga los pensamientos y las intenciones del corazón. Santifícanos Padre, y justifícanos en la verdad de tu amor, pues como nada escapa ante tus ojos, nos limpiarás para permanecer libres en tu presencia y llenos de tu infinito amor, perdón, misericordia y paz. En el nombre de Jesús. Amen.

Capítulo 6

"¿Por qué no sentirnos amados?"

Aunque cambien de lugar las montañas y se tambaleen las colinas, no cambiará mi fiel amor por ti ni vacilará mi pacto de paz —dice el Señor, que de ti se compadece— (Isaías 54:10).

He comprendido que la única manera de tener corazones limpios es cuando somos llenos del único amor verdadero que existe: el de Dios. Cuando empecé a escribir este libro, sabía en mi corazón que si quería mostrar el testimonio del poder de Dios en mi vida, era casi un hecho inevitable hablar de mi entorno familiar, de mi vida desde la infancia, y de cómo Dios siempre estuvo conmigo incluso cuando yo no le percibía.

Es muy fácil lastimar el corazón de un niño y muy sencillo robarle su inocencia, su seguridad, su paz y su carácter. Durante muchos años crecí con temores, y sólo Dios estuvo conmigo acompañándome y protegiéndome de mis pensamientos y acciones.

¿Tienen idea de cuántas veces cruzó por mi cabeza el hecho de desaparecer? No entiendo cómo una niña de seis u ocho años tenía esos pensamientos; pero, lo que sí sé es que, en ese tiempo, yo sólo sabía que nadie me quería. Así, fui creciendo y sintiendo en mi interior que siempre debía hacer algo extraordinario para ganarme el favor de los que me tenían que amar.

Amo a mi madre profundamente, y la he entendido y la he perdonado por tantas veces que me hirió y abusó de mí. Recuerdo el temor frío de su presencia, sus golpes y su rechazo; su preferencia por mi hermana, su orgullo por su hijo y su enfado con mi presencia. El pánico escurría por mis venas cuando no me quedaba la ropa y me golpeaba llena de ira porque no estaba ni era como ella lo deseaba.

Salía todo el día de mi casa a correr con mis primos y amigos en la calle para no estar cerca de ella. Sin embargo, cuando regresaba a mi hogar, siempre había un motivo para pegarme o regañarme: porque la ropa no estaba guardada en el clóset, porque no había recogido los zapatos que dejé en la escalera, porque comí algo que no debía, etc. Siempre había algo por lo que, generalmente, yo sería reprendida.

Por otro lado, también me ocasionaba miedo cuando llegaba mi papá, pues sin recordar por qué, me golpeaba también con su "chicote", el cual, debo confesar, infinidad de veces escondí en mi mochila para tirarlo en la escuela; sin embargo, mi frustración era ver que al día siguiente ya había uno nuevo colgado en el estudio para seguir torturándome.

Eso me pasaba con el resto de mi familia: mis primos, tíos y abuelos. Nunca me sentí querida por mi abuela Carmen, la mamá de mi papá; percibía en mi corazón que algo no le gustaba de mí. Con mis tías no me sentía cómoda y tampoco aceptada, porque mis primas siempre andaban bien lindas. Recuerdo que, en ocasiones, a mi mamá no le importaba llevarme arreglada o no a reuniones donde estaban todas mis primas lindas y todo mundo les decía lo hermosas que eran.

Mi refugio era con mi abuelo Toño, porque con él me sentía alguien; me escuchaba, me abrazaba y me hacía sentir amada. No obstante, pronto, cuando yo sólo tenía ocho años, mi Dios se lo llevó a su presencia. Fue, creo yo, uno de los días más tristes de toda mi vida.

También con mi Tata (abuelo Fernando), papá de mi mamá, me sentía cuidada, pues era quien estaba conmigo en la calle, vigilante, como guardián, como cuidador. Sin embargo, en general, me sentía que no encajaba, y que el favor de los demás no era para mí.

A pesar de que siempre fui una buena estudiante desde los años de mi primaria, hasta la mitad de mi segundo año de secundaria, llevé conmigo ese dolor al colegio.

Entonces, ya no fui excelente en lo que hacía, y me costaba tener amigas. Siempre andaba intentando agradar a cualquier niña que quisiera que me considerara su amiga. Les compraba dulces, haciendo lo imposible por su amistad; y algo de esos hábitos todavía los conservé de adulta durante algún tiempo.

No recuerdo cuándo fue que empecé a tener una buena relación con mi hermana mayor; pero, fue después de mucho tiempo, pues siempre tuve el dolor de que fuera la consentida de mamá. Por otro lado, aunque toda la vida, y hasta la fecha, me he refugiado en los brazos de mi padre, tampoco he sido exenta de sus duros juicios, y a veces de su intachable disciplina, que no le ha permitido ver realmente lo que me dolía, y que incluso aún llevo dentro de mi corazón.

De esta manera, fui creciendo, y en mis relaciones me volví segura en extremo; pero, llena de carencias. No obstante, creo que siempre conservé en mi interior la esencia de mi ser, dulce, bondadosa, misericordiosa y con un gran corazón para amar y servir. Sin embargo, a pesar de esta parte de mí, casi siempre era arrogante, pedante y con la creencia de que no me merecía cualquiera que yo creyera que estaba fuera de mi nivel, como lo narré anteriormente. Al final de cuentas, siempre había un temor a no ser amada, a ser abandonada e incomprendida.

Dios vino a restaurar poco a poco mi vida cuando aún no le conocía. Sé que lo hizo porque, más adelante, me esperaba el gozo más grande que pudiera yo experimentar; un amor lleno de paz, fuera de condiciones y con una infinita capacidad para sanar, restaurar, abrazar, consolar y besar: el amor de Dios. Fue el encuentro más hermoso que he tenido, pues Él me ofreció la vida a través de su Hijo precioso que murió por mí, por los sufrimientos y dolencias, por las carencias y necesidades, por las limitaciones y las incapacidades que por tanto tiempo me persiguieron. Murió por todos mis pecados, y me devolvió la vida en abundancia. Tal fue mi encuentro personal con Jesús, mi Señor, mi salvador, mi amigo, mi consolador, mi torre fuerte y mi eterno refugio.

Me ha entregado a su Espíritu Santo para que, desde mi interior, me guíe, me enseñe, me aconseje, me corrija y me instruya. No hay amor más grande que conocer a Dios y experimentarlo, pues es la única garantía de que todas nuestras dolencias serán sanadas, que todos nuestros temores serán arrancados de nuestro interior y que todas nuestras necesidades en Él serán saciadas.

La familia es un fundamento muy importante en nuestra sociedad, y sé también que como humanos podemos fallarle a los que más amamos y herimos. Somos consecuencia de generaciones que no nos enseñaron a caminar con base en principios bíblicos, sino morales, los cuales, si no están sustentados en Dios, se desvanecen.

Estoy convencida de que, si cada uno de nosotros habla con sus hijos y les enseña su valor y quiénes son en Dios, crecerán sanos espiritualmente, con un alma en paz y diariamente sedienta de la presencia del Padre; con esa firmeza de carácter que sólo Jesús puede injertar en su interior, y con una seguridad de que ninguna circunstancia, problema o situación, por difícil que parezca, los moverá del gozo de estar en la presencia de Dios.

Eso nos asegura que todo lo podremos resolver en manos de Cristo, que nos fortalece, y que Dios siempre tiene una respuesta correcta. El gran amor del Señor nunca se acaba, y su compasión jamás se agota. Cada mañana se renuevan sus bondades; ¡muy grande es su fidelidad! Por tanto, digo:

"El Señor es todo lo que tengo. ¡En Él esperaré!" (Lamentaciones 3:22-24).

TIEMPO DE MEDITAR

Señor mío, bendito Dios, ponemos en tus manos nuestro corazón fatigado, abatido y desmoronado, porque sólo Tú, Dios, puedes restaurarlo y llenarlo del gozo que viene de estar en Ti; porque no hay nada más refrescante que Tú, que das nueva vida en amor inagotable, inquebrantable y sublime. Permite a nuestro corazón que vivas en él, porque Tú brindas bondad a quienes se conducen sin tacha; porque esperas de nosotros lealtad; porque tu amor es eterno y tu fidelidad permanece para siempre. Por tu inmenso amor enviaste a tu Hijo unigénito al mundo para que vivamos por medio de Él. Porque éste inmenso amor consiste no en que nosotros te hayamos amado, sino que nos amaste tanto que entregaste a tu Hijo como sacrificio para el perdón de nuestros pecados. Por eso, Padre, por las mañanas sentimos tu amor, pues confiamos en Ti, Padre. Eres todo lo que tenemos, porque sabemos que, aunque cambien de lugar las montañas y se tambaleen las colinas, no cambiará nuestra fidelidad a Ti, pues Tú conoces nuestro corazón y lo sabes todo. Gracias Padre, porque en tu amor estamos convencidos de que, ni la vida ni la muerte, ni los ángeles ni los demonios, ni lo presente ni lo por venir, ni los poderes, ni lo alto ni lo profundo, ni cosa en toda la Creación, podrán apartarnos del gran amor que nos has manifestado a través de Cristo Jesús. Porque Tú eres bueno, Señor. ¡En Ti esperaremos! Oramos en el nombre de Jesús. Amén.

Capítulo 7

"¿*P*or qué rechazada?"

Aunque mi padre y mi madre me abandonen, el Señor
me recibirá en sus brazos (Salmos 27:10).

*D*esde que retomé este libro he venido experimentando emociones y sentimientos que pensé ya guardados en el baúl de los recuerdos. Creí que Dios había terminado el proceso de restauración en mi corazón; pero, ¡oh, sorpresa! Mientras iba recorriendo mi libreta de oraciones en la que alguna vez desbordé mis frustraciones, mis dolores, mis más grandes tristezas y mis más profundas heridas, las volví a experimentar con la misma intensidad, aunque con diferente percepción.

En esta ocasión fue un desahogo, con lágrimas que corrían por mis mejilla; sin embargo, con una paz que me permitía ver que todos esos procesos en mi vida me habían llevado a ser lo que soy ahora, lo cual me mueve a seguir narrando experiencias tan dolorosas, con el único propósito de exaltar al Señor grande, poderoso, lleno de amor y misericordia que me rescató del hoyo más profundo y oscuro en el que haya podido estar sumergida, y que me liberó del lastre que me asediaba y del pecado que me estorbaba.

¿Por qué rechazada? Porque durante mucho tiempo tuve que luchar bastante por ganarme favores y retener amores. Toda esa lucha sólo me agotaba y me hacía sentir más sola.

Decisiones mal tomadas, inmadurez y una familia inflexible fue lo que rodeó mi vida durante muchos años, después de haber nacido mi primer bebé.

Sé, y reconozco, que si en ese entonces alguien hubiera llegado a mi vida y me hubiera hablado del Dios viviente, sanador y restaurador en el que podíamos descansar y solucionar todos nuestros problemas, tal vez, creo que no habría tomado la decisión de separarme.

Por mucho tiempo sentí que dejé de ir a quien consideraba como el amor más grande que he tenido en la vida, todo por necia, caprichosa y porque pensé que en esa persona no podía poner mis esperanzas. Durante mucho tiempo padecí esa decisión.

Hoy veo aquello como una gran enseñanza de la vida, en donde aprendí que no hay grandes pérdidas amorosas, sino oportunidades de amar todos los días, y que si Dios bendice a alguien con la compañía de una pareja, se convierte en una comunión y unión sublime de amor.

Cuando empezaba a reconstruir mi vida, y obtenía la "seguridad" en mí, apareció la oportunidad de retomar otra vez las riendas de mi existencia para volver a formar una familia y tener la estabilidad que toda mujer anhela y sueña en su corazón.

Me volví a casar con alguien que idealicé, y que con el tiempo y con mis propios errores cometidos, me lastimó, dañó mi vida, la de mi hijo mayor, y estuvo a punto de hacer lo mismo con la de nuestro bebé.

Desolada, sin ánimos en la vida, sin vitalidad, con una gran frustración y rabia en todo mi ser, y con las pocas fuerzas que me quedaban, rescaté a mis hijos de esa vida tormentosa y de ese abuso constante, de esa falta de amor y de entrega, de ausencia de Dios y de paz. Así que, terminé con todo el temor del mundo y la terrible angustia de enfrentarme otra vez al juicio humano, y me separé.

Sin embargo, también sé que Dios decidió llevarme por este camino para poder entender todo lo que ha construido en mí ser desde mi interior, y que hoy puedo ver para ayudar a mujeres que están en mi misma situación; para que den lo imposible y sepan que Dios sustenta todo, y en Él siempre hay una esperanza y una solución.

Sin embargo, en esta ocasión, no obtuve resistencia; y a cambio conseguí una gran y profunda soledad… Silencio, por estar sola otra vez, sólo que con dos niños que no sabían las respuestas a situaciones que, por mis errores, estaban viviendo.

Sin familia, sin comprensión, acabada emocionalmente y con un ex esposo apoyado y comprendido por mis propios familiares, me vi sin ese amor y con la necesidad de que me dijeran que no pasaba nada, que mi gente estaban allí para mí, no para él.

Yo no comprendía que mi ex pareja me había dañado y lastimado con su constante presencia obsesiva y manipuladora, la cual no me dejaba respirar ni me permitía tener paz. Durante mucho tiempo me agobió su falta de entendimiento. Me había quitado las esperanzas de una nueva relación y me había coartado la ilusión de tener una vida normal, con una familia y con un esposo que me amara, me respetara, me cuidara, para que yo no tuviera que andar divagando entre la familia y mis hijos, como lo hice durante esos años con tres trabajos, dudas y falta de comprensión.

Fue justo en este momento cuando Dios llegó, a través de una persona muy especial para mí, y me habló de su Hijo, de su gran amor y de que tenía una nueva vida para mí. Le acepté, y lo que pasó desde ese momento, hasta el día de hoy es, y ha sido, sólo por su gracia y eterno amor.

Ya no busco afectos, pues tengo el amor de Cristo y el de mis hijos, la presencia de los que amo y me aman, y toda una vida llena de bendiciones. Ahora no me niego al amor, sincero y puro, que llene mi ser, que me ame y acepte por quien soy en Dios ahora.

Espero amar y ser amada por alguien que comprenda mis muchos defectos y pocas cualidades; pero, con un corazón sincero lleno de amor y con una gran capacidad de entrega y servicio a los demás. Hoy espero que esa persona ame profundamente a Dios, a mis hijos y que sea yo la reina de su vida.

Yo vivo llena en el amor de Dios que me ha sido entregado, y mi vida va fluyendo en perfecta armonía con Jesús como mi Señor y Salvador de todos mis días y de mi familia, con un espíritu humilde y sencillo lleno de vida para dar.

TIEMPO PARA MEDITAR

Dios mío, nos rendimos ante tu presencia y te entregamos todo nuestro ser, nuestro corazón y nuestra alma abatida Padre, rechazada e incomprendida. Venimos ante tus pies, Dios, porque Tú eres nuestro Señor y nada nos faltará. Queremos, Padre, que sigas con nosotros, y recibir en tu nombre al Espíritu Consolador que nos guía para llevar tu mensaje y recordar todo lo bueno que nos has dicho, pues has cambiado la maldición en bendición y eres refugio de los oprimidos. Nos llevas triunfantes en Cristo y reconocemos que eres el Dios verdadero, el Dios fiel, que cumples tu pacto de amor con nosotros y nos permites verte en gloria, plenitud y majestad a través de tu Hijo amado, nuestro salvador. Porque Cristo da el regalo más grande y el Espíritu Santo nos confirma que ya no estamos solos, porque somos sus hijos, coherederos con Cristo en los Cielos. No importa, Padre, cualquier sufrimiento, insulto y desprestigio por causa tuya, porque nos guiamos en la espera de la recompensa en el Cielo. Contigo marcharemos triunfantes y allanaremos las montañas, esperaremos tus tesoros guardados en lugares secretos, ya que Tú nos conoces y nos llamas por nuestro nombre. Gracias por acompañarnos a diario, porque aunque nos abandonen, Tú nos recibes en tus brazos. Gracias, Cristo, por ser nuestro Señor y salvador personal; por eso, ya no somos extranjeros ni extraños, sino miembros de la familia de Dios y edificados para ser morada del Padre por su Espíritu. Bendito seas, Creador, por tu infinito amor y misericordia; que nuestro corazón sea morada de tu Santo Espíritu. En el nombre de Jesús. Amén.

Capítulo 8

"Ser verdaderamente libres"

¡Te alabo porque soy una creación admirable! ¡Tus obras son maravillosas, y esto lo sé muy bien! (Salmo 139:14).

Sin temor a equivocarme, creo que muchas veces intentamos llevar una vida recta y olvidamos los pequeños detalles que podrían estorbar o cortar nuestra comunión diaria e íntima con Dios.

Caminamos diariamente con actitudes que creemos pueden ser correctas o que justificamos por cualquier motivo. Es muy difícil romper con esquemas que por mucho tiempo la sociedad nos ha dicho que son aceptables; pero, que nos llevan a vivir una vida esclavizada a costumbres y conductas que no agradan a Dios.

Al final es claro que todo ello estaba basado en la falsedad, en el orgullo y en una incorrecta sinceridad y dignidad, la cual hace daño y destruye nuestras relaciones y nuestro contacto con Dios.

Es también muy importante que nuestro hablar sea correcto y claro, y que no dudemos al decir las cosas con amor ni escondamos verdades por temor a herir sentimientos o perder amistades.

Es sumamente indispensable que no agrademos a los hombres con palabras falsas o que comprometan nuestra calidad como seres humanos; y sobre todo, lo que somos ante Dios.

Que nuestro "Sí" sea un "Sí" y nuestro "No" sea un "No", como lo señala Jesús en su Palabra.

"Pero Yo les digo: No juren de ningún modo: ni por el Cielo, porque es el trono de Dios; ni por la Tierra, porque es el estrado de sus pies; ni por Jerusalén, porque es la ciudad del gran Rey" (Mateo 5:35).

No permitamos que el pecado se vuelva parte de nuestra vida; es más, debemos ignorarlo y no aceptar las conductas incorrectas de las personas que nos rodean. Es necesario que nos atrevamos a denunciar las faltas, aunque haya temor a que nos tachen de locos o nos ignoren. Incluso debemos aceptar la corrección que provenga de un hermano cuando procedamos incorrectamente y pedir perdón, con verdadero arrepentimiento, cuando, en nuestra necedad, a veces fallemos e hiramos a alguien.

La arrogancia, el orgullo, intolerancia, falta de afecto y misericordia, chismes, calumnias, lenguaje perverso, maledicencia, rencor, egoísmo, engaño, pereza, inconformidad, tristeza, depresiones, inmoralidades sexuales, pornografía, programas de televisión que atentan contra los valores y principios bíblicos, y música que enajena y aleja a los jóvenes de su visión en Dios desencadena sentimientos y actitudes que definitivamente el Padre aborrece. Es nuestro deber entenderlo así, ya sea para corregir, o para aceptar corrección con amor. No importa que sea muy molesto para nosotros hacerlo notar, o que nos señalen una falta o proceder, el cual no sea agradable a Dios.

"Quien encubre su pecado jamás prospera; quien lo confiesa y lo deja, halla perdón" (Proverbios 28:13).

Con una actitud de humildad y verdadero arrepentimiento es necesario que nos acerquemos a Dios y admitamos delante de Él nuestros errores y pecados. No somos seres perfectos; pero, sí llenos de amor y de anhelo de estar diariamente en su presencia.

Mantengámonos limpios y con corazones llenos de gratitud a Dios por su amor y perdón para con nosotros.

"Si afirmamos que no tenemos pecado, nos engañamos a nosotros mismos y no tenemos la verdad" (1 Juan 1:8).

Debemos ser muy cuidadosos con nuestro comportamiento delante de Dios.

Una noche me encontraba en un café con una amiga. Recuerdo muy bien que en ese tiempo las dos vivíamos muy preocupadas por comportarnos correctamente para agradar a las personas que nos rodeaban y así dar testimonio, por medio de nuestros actos, de la presencia de Jesús en nuestras vidas.

Mientras platicábamos y compartíamos tiempos hermosos, tal como habían sido muchas de nuestras largas conversaciones, ella llegó a la conclusión de que no trataría más de agradar a las personas, sino a Dios. Su frase quedó tan grabada en mi corazón que, después de meditarla y ponerla en oración, la comprendí y adopté esa idea: "Nada me preocupa, sino Dios; y yo ya decidí entregarle mi reputación a Él".

El temor reverencial a Dios hace que nos comportemos correctamente para Él. Vivir en perfecta y sublime armonía con Él, hará que nuestro alrededor, obviamente, se vea afectado positivamente con nuestros pensamientos de amor y de obediencia a nuestro Señor.

"¡Dichoso el que siempre teme al Señor! Pero el obstinado caerá en la desgracia" (Proverbios28:14).

Nuestras vidas, por completo, deben estar entregadas a servir a los propósitos de Dios, y para ello debemos entender que nuestro cuerpo es templo del Espíritu Santo y que cada uno de sus miembros es presentado a Dios para santidad. Si antes, con nuestro cuerpo, pecábamos y nos aferrábamos a las adicciones y hábitos que destruían nuestras almas y nuestras vidas por completo, ahora en santidad somos olor fragante a Dios cada instante.

"Yo sé que en mí, es decir, en mi naturaleza pecaminosa, nada bueno habita. Aunque deseo hacer lo bueno, no soy capaz de hacerlo" (Romanos 7:18).

Según mi experiencia personal no hay nada más hermoso que cuando volvemos nuestra vida a Cristo y le permitimos que tome control de nuestros actos, pensamientos y sentimientos. Cuando sentimos su perdón y su amor, y la ternura con la que nos abraza y nos susurra al oído que todo lo podemos junto a Él, los Cielos se abren y la promesa de una tierra nueva se vierte delante de nosotros.

Entonces la angustia desaparece, los temores se convierten en fuerzas para retomar nuestras vidas y la intranquilidad ya no es una sombra que nos impide madurar.

Ahora somos valientes para enfrentar cualquier circunstancia, confiando en el divino poder que nos es dado cuando nos entregamos por completo al amor más grande que ha existido, existe y existirá, porque no tiene principio ni fin: Dios.

"Pues Dios no nos ha dado un espíritu de timidez, sino de poder, de amor y de dominio propio"
(2 Timoteo 1:7)

TIEMPO PARA MEDITAR

Señor, en esta oración declaramos ante Ti todos nuestros pecados; no queremos engañarnos a nosotros mismos; queremos ser libres al confesarlos en tu presencia. Queremos prosperar y encontrar el perdón; no debemos confiar en nosotros, siendo necios, y más bien actuar en la sabiduría y ser salvos. Reconocemos nuestras debilidades, pues así prosperará en nosotros el poder de Cristo. Nos negamos y renunciamos a ser como el obstinado que vive en desgracia. Necesitamos y anhelamos vivir bajo el temor que viene de obedecerte para vivir bajo tu gracia y no bajo la ley. Nos entregamos a Ti en esa obediencia que lleva a la justicia, y que nuestras limitaciones no ejerzan voluntad en nuestro ser; ofrecemos nuestros miembros para servirte en santidad. Sabemos que Tú dispones de todas las cosas para el bien de quienes te aman, que tu poder se perfecciona en nuestras debilidades; deseamos vivir en la firme convicción de que, si tú estás de nuestra parte, nadie puede estar contra nosotros. Por lo tanto, vivimos unidos a Cristo Jesús, que nos ha liberado de la ley, el pecado y la muerte. Fortalécenos, Dios, pues no nos has dado un espíritu de cobardía, sino de amor y dominio propio; bajo tu amparo cada día vencemos al mal con el bien, nos revestimos del Señor Jesucristo, hemos sido crucificados y ya no vivimos nosotros, sino Cristo vive en nosotros siendo libres, viviendo en el Espíritu y en tu presencia que es llena de misericordia y que produce en nosotros tanto el querer como el hacer. En Ti depositamos nuestra ansiedad, pues cuidas de nosotros. Gracias por tu amor. Gracias Jesús porque nos fortaleces día a día; y nos entregamos a tu voluntad. En el nombre de Jesús. Amén.

Capítulo 9

"Venciendo a un gigante"

Sólo en Dios halla descanso mi alma; de Él viene mi esperanza. Sólo Él es mi roca y mi salvación; Él es mi protector y no habré de caer (Salmo 62:5-6).

"**Sólo en Dios halla descanso mi alma; de Él viene mi esperanza. Sólo Él es mi roca y mi salvación; Él es mi protector y no habré de caer**" (**Salmo 62:5-6**).

Continuando con el recorrido por mi vida, regreso un poco a la edad de trece años, aproximadamente, donde en medio de mi soledad y tristeza, me refugié en la comida.

No sé si fue una rebeldía hacia mi mamá; pero, llevaba a cabo todo lo contrario a lo que ella le gustaba. Entonces, cuando yo no estaba afuera jugando hasta muy noche porque no encontraba a mis amigos y primos, estaba sentada frente al televisor comiendo cuanta comida chatarra se me cruzara por mi camino.

Por supuesto, sentía una satisfacción muy grande, aunque también un gran remordimiento por el daño que me hacía, el cual, en ese momento no podía verlo como tal, sino como refugio y satisfacción a mi soledad.

Un par de años después, a los meses de haber celebrado mis quince años, me di cuenta de que, si quería tener novio y casarme, debía estar esbelta y hermosa, pues gorda y fea nadie me iba a querer.

Me sometí a un rígido régimen alimenticio, al principio supervisado por mi mamá, excesivo ejercicio y dietas prolongadas donde no comía durante días. Por supuesto, en un par de meses adelgacé mucho, y logré verme diferente. Sin embargo, para mí, no fue suficiente, y ahí empezó el calvario más terrible de mis últimos años de adolescencia y parte de mi juventud.

Comencé a no probar alimento, no desayunaba, comía a medias, y ni pensar en cenar. Tomaba toda clase de líquidos para adelgazar, todas las dietas de la luna (las cuales consisten en no comer durante veinticuatro horas cuando hay luna llena) las hice por años. Tenía una ansiedad por comer dulce; pero, no podía, ni siquiera, imaginar en probar algo de eso.

Entonces, empecé a comprar a escondidas chocolates, panes, dulces y todo lo que me encantaba. Tomaba pedacitos de pastel de la cocina sin que nadie me viera, los subía a mi recámara, y sin comerlos, los ponía dentro de mi boca, los degustaba y los devolvía a un pedazo de papel… Todo a escondidas.

¿Cuando terminó el calvario? Gracias a que Dios estuvo siempre conmigo, aunque yo no lo percibía. Mi cuerpo, en muy poco tiempo, me cobró la factura, pues en un par de años estaba hospitalizada con sangrado de estómago y muy mal. La recuperación fue lenta; pero, poco a poco fui saliendo de ese estado, aunque no recuerdo en qué momento fue la recuperación total.

Es muy importante mencionar que, durante mucho tiempo, no me acepté como soy. Si somos catalogados de un modo, si la moda nos marca ciertos estereotipos y las modelos dicen que tenemos que estar delgadísimos y sin un gramo de algo que nos sobre, y no somos fuertes en el espíritu, y además no nos sentimos aceptados por completo, como yo, es fácil caer en ese engaño.

He luchado durante mucho tiempo para gustarme como soy. No sé si lo he logrado, porque me ha costado mucho creer que puedo parecer bonita y agradable para alguien.

Es muy importante hacer notar esto: hasta hace un par de meses, viendo la película regresiva de mi vida, entendí que nadie en mi familia, ni los doctores ni yo, habíamos notado que fui anoréxica durante mucho tiempo, y que por falta de atención y detalles no lo vimos. Por supuesto, en ese momento, la que menos se percató de tal padecimiento fui yo.

Cuando comprendí esa área de mi vida, como esclava de los trastornos alimenticios y de mi debilidad de carácter, le pedí a Dios ayuda, para que alimentara mi espíritu, no la carne; para que al momento en que Él cambiara mi modo de pensar, impactara mi manera de sentir. Clamé a Dios pidiendo que me ayudara a distinguir entre el hambre de mi alma y el hambre de mi cuerpo.

Ha sido un proceso difícil, sobre todo porque cada quien es diferente, y es necesario entender que, aunque escuchemos comentarios que no sean apropiados respecto a nuestra apariencia, lo único importante es cómo nos quiere Dios, y cómo desea que luzcamos. Nuestro cuerpo le pertenece a Él y será moldeado de acuerdo a su voluntad y lo que Él quiera de nosotros.

No se trata, tampoco, de entrar en el desenfado total, sino de cuidar y moldear nuestro cuerpo para agradar a Dios y no a los hombres, y así poder ser libres de toda atadura alimenticia y modas que nos impone el mundo actual.

Cristo nos libera totalmente cuando nos entregamos a su voluntad y ya no vivimos bajo yugos. El mío era alimenticio (entre otros), el de otros puede ser el alcohol, las drogas, el mal carácter, las depresiones, el orgullo, la indiferencia, etc. No obstante, arrepentirnos de los pecados cometidos y ceder el control a Dios, nos da libertad.

Es entender que, cuando cambiamos nuestros pensamientos a los de Dios, y nos acogemos en su misericordia, podemos ofrecer nuestros cuerpos como sacrificios vivos y agradables a Él, porque su voluntad siempre es buena, agradable y perfecta (Romanos 12:1-2).

Debemos vivir con pensamientos divinos agradando siempre al Padre, y no bajo estereotipos, ni adoptando los pensamientos de este mundo, el cual nos arrastra a la frivolidad y nos vuelve carentes de voluntad y carácter.

Cuando reconocí la gracia de Dios, y que pertenezco al plan maravilloso de salvación que me otorgó a través de la muerte de Jesús, entendí que en esa cruz el Señor ya había clavado mis debilidades, mi falta de carácter, mi necesidad de afecto, mis carencias emocionales y que me había lavado, purificado y justificado ante Dios, derramando su amor en mi corazón.

Entendí que era participante de las promesas de Dios para mi vida y que en Él soy suficiente para vivir cada día en victoria, venciendo todo pensamiento que se levante en contra de su perfecta voluntad.

Se renueva mi fe para vivir con amor, revestida de Dios, reconociendo lo bueno para mi espíritu, alma y cuerpo, aprendiendo diariamente a vivir en Cristo, tomando mi cruz y viviéndola con alegría; sabiendo que en Dios soy perdonada con una actitud de arrepentimiento verdadero y en humildad; y que el hambre de mi vida se sacia completamente en Dios, quien por su providencia me hace vivir en paz y satisfecha.

TIEMPO PARA MEDITAR

Dios mío, en esta oración nos entregamos a Ti y declaramos que ya no estamos más esclavos bajo el yugo de la mala administración de los alimentos.

Libéranos Padre, quita de nuestra mente y nuestro cuerpo la esclavitud con el mundo y sánanos; toma nuestro cuerpo y purifícalo, pues es templo del Espíritu Santo. Queremos ser libres del ropaje de nuestra vieja naturaleza para ser renovados en nuestra mente, revistiéndonos de nuestra nueva naturaleza creada a imagen tuya. Padre, reconocemos que Cristo nos libertó para ser libres; tu deseo es que estemos firmes y que no nos pongamos otra vez bajo el yugo de la esclavitud. Ayúdanos, Señor; fortalécenos. Tú nos humillaste para saber que no sólo de pan vive el hombre, sino de todo lo que sale de la boca del Señor. Por favor, haz que el hambre por tu presencia y por tu Palabra exceda los clamores físicos que jamás hayamos experimentado; ayúdanos a alimentar el espíritu y no la carne. Permítenos conocer lo que es vivir en la pobreza y en la abundancia, a padecer hambre y escasez, a ser saciados y a tener de sobra; sostennos en cualquier circunstancia para gozarnos y seguirte en obediencia, incluso cuando no estamos seguros hacia dónde vamos, para no quedar atrapados en el mismo círculo de condenación y gozarnos del plan de victoria que Tú tienes para nosotros. Haz que reconozcamos que hemos sido salvos por tu gracia para que no se jacte nuestra alma. Queremos seguir el camino de la fe, revestirnos del Espíritu Santo y con la armadura de Dios hacer frente a las artimañas del Diablo, porque somos hijos de Dios y porque el que está en nosotros es más poderoso.

Guíanos para regocijarnos en tu fuerza, Señor. Queremos ser libres y no esclavos del mundo, siguiendo adelante en el Espíritu, el cual es amor, gozo, paz, paciencia, amabilidad, bondad, fidelidad, humildad, dominio propio; reconociendo todo lo bueno, respetable, verdadero, justo, puro, amable, digno de admiración y elogio. Son dichosos los que tienen hambre y sed de justicia, porque serán saciados. Por lo tanto, ya no hay ninguna condenación para los que viven unidos a Cristo Jesús, porque lo hacen en el Espíritu, y ya no siguen los deseos de la naturaleza pecaminosa. Gracias Padre, por tu presencia divina y diaria en nuestra vida. En el nombre de Jesús. Amén.

Capítulo 10

"Dejando al culpa"

El Señor ha escuchado mis ruegos; el Señor ha tomado en cuenta mi oración (Salmos 6:9).

Si algo he aprendido en mi caminar con Cristo, y todos los días confirmo en mi vida diaria, en mi trabajo, en mi familia y conmigo misma al estar a solas con Dios, es que Él nunca rechaza a quienes verdaderamente se arrepienten.

Durante mucho tiempo sentí culpas y cargué con ellas. Creía que todo lo que pasaba alrededor mío era consecuencia de alguna actitud o de palabras que yo decía.

Sería una película muy larga de contar si narrara todos los momentos en que no entendí las excesivas correcciones, y de las que siempre me sentí merecedora. Me culpaba porque no me portaba bien, cuando sólo era una niña. Con el tiempo, en mi juventud, tratar de retener afectos se volvió un gran tormento para mí, y si algo fallaba, volvía otra vez a culparme. Cuando veo ahora, jamás fui responsable por las actitudes y decisiones de las personas que más he amado en la vida, y a quienes de alguna manera heri y me lastimaron.

Sé que el Señor me escuchó cuando vio mi gran dolor y mi corazón profundamente herido, llorando delante de Él, pidiéndole restauración, sanidad emocional, paz y vida espiritual. Clamé a Él para que me otorgara la capacidad de entender a las personas y perdonarme a mí misma por haber lastimado y haberme lastimado tanto.

En todo este proceso de sanidad, tuve que afrontar las consecuencias de todos mis pecados que durante años no reconocí, y que por orgullo dejé almacenados en mi alma.

"Yo he dicho: «Señor, compadécete de mí, sáname, pues contra Ti he pecado»" (Salmos 41:4).

Cuando estamos atrapados en una situación familiar, laboral, personal, etcétera, es muy necesario contar con alguien que nos pueda escuchar para desahogarnos, e incluso para mostrar lo débiles que podemos llegar a ser. Normalmente nos refugiamos en la mejor amiga, el mejor amigo o en la hermana, y en ese momento nos dan tranquilidad y un claro entendimiento de la situación y posibles soluciones.

Sin embargo, aun cuando nos sentimos apoyados, en nuestra soledad estamos intranquilos, y se nos va el sueño, el consejo parece carecer de fundamentos y la solución no llega.

Es en ese momento que podemos volver nuestros ojos al Señor y entregarle todo, sin importar si al hacerlo tenemos que reconocer donde fallamos, y sentimos la necesidad de pedir perdón si es necesario, regresando paso a paso al inicio. Entonces, ya no nos sentimos culpables, sino plenos de que en Dios hay soluciones divinas y respuestas a nuestras oraciones.

"El Señor ha escuchado mis ruegos; el Señor ha tomado en cuenta mi oración" (Salmos 6:9).

TIEMPO PARA MEDITAR

Dios mío, rendidos ante tu presencia queremos que perdones nuestras fallas. Tú eres el único que nos justifica, pues tu fidelidad ha permanecido, aun cuando te hemos fallado. Perdónanos y danos un corazón humilde para reconocer que hemos pecado contra Ti, y que a tu lado podemos dejar los sentimientos de culpa y salir vencedores por medio de Aquel que nos amó. Permítenos ser fervorosos y arrepentirnos; escucha nuestros ruegos, compadécete de nosotros; sánanos. Queremos tu perdón y tu misericordia. Concédenos corregir con humildad a nuestros adversarios, para que con la esperanza que Tú otorgas llegue el arrepentimiento y conozcan la verdad y no permanezcan cautivos. Ayúdanos a aceptar que tu don de gracia nunca fue, ni será, reemplazado por nuestra habilidad de ser buenos y justos. Sólo por eso reconocemos nuestra iniquidad frente a Ti, porque la tristeza nos condujo al arrepentimiento. Oramos para que podamos ser contristados según tu voluntad, y ser ayudados, más que heridos, por la confrontación de nuestros pecados. Gracias por la tristeza que trae arrepentimiento y no lastima. Mi misericordioso Padre, te agradecemos por la seguridad de que Tú no desprecias a un corazón humillado. Nos sentíamos muertos; pero, ahora nos sentimos nuevamente vivos. En Cristo Jesús, que murió y resucitó, que está a la diestra tuya y que intercede por nosotros, ya no hay condenación alguna; por lo tanto, al único Rey y Señor, inmortal, invisible, al único y sabio Dios, sea el honor y la gloria, por siempre. Oramos en su nombre. Amén.

Capítulo 11

Aceptando las pérdidas

Que sea tu gran amor mi consuelo, conforme a la promesa que hiciste a tu siervo. Que venga tu compasión a darme vida, porque en tu ley me regocijo (Salmo 119:76-77).

Cuando estaba por escribir este capítulo, me sentí de repente sin nada que aportar. Creí que no había experimentado en mi vida pérdidas significativas que hubieran marcado mi destino, que hubieran cambiado mi manera de sentir o de pensar, o que hubieran dejado huellas profundas en mi corazón.

Durante días estuve meditando y pidiendo dirección al Espíritu Santo de cómo debía plantear este tema. Surgían ideas; pero, las borraba y las suplía inmediatamente por otras. No obstante, un día, en mi grupo de oración, Dios me habló a través de la persona que dirigía la oración a mi vida, y me susurró: "Querida Olguita, sí has experimentado pérdidas significativas, y has sentido temor ante esas pérdidas; ponte a recordar y escribir".

Comencé entonces a ordenar mis recuerdos, y recordé que la primera pérdida que había sufrido en mi vida fue la de mi abuelo Toño. Desde que era niña recuerdo aquel momento en su casa, cuando mis tías lloraban en su recámara… Cómo mi papá, en silencio y con su mirada perdida, creo yo, recorría la película de su vida al lado de su padre; veía las lágrimas que corrían en silencio por el dolor que estaba experimentando.

Nunca le pregunté qué significó para él haber perdido a su padre; pero, si sé que esas lágrimas eran una mezcla de dolor y satisfacción por el tiempo que lo tuvo a su lado. Los últimos años de mi abuelo fueron de tranquilidad, después de momentos de juventud cargados de esfuerzos y de extrema pobreza. Él fue obrero, y trabajó para sustentar a una familia; pero, dentro de sus limitaciones, como mi papá lo dice, fue responsable, y les compartió valores y principios para llevar una vida digna y de trabajo.

Era la primera vez que yo experimentaba la muerte, y no la entendía; pero, recuerdo que me causó impacto entender que ya no vería más a una persona que amaba tanto.

Años después, con la muerte de mi abuelo Fernando, entendí en mi madre el sufrimiento de los hijos cuando dejan ir a sus padres. Lo cuidó, lo protegió, estuvo a su lado. Sin embargo, en medio de tantos cuidados, la vida del ser humano se torna tan frágil y se entrega a la voluntad de Dios. Un hombre de carácter, algo testarudo; pero, con un corazón lindo, limpio y sensible a todo lo que pasaba alrededor, fue el hueco que dejó en la vida de mi mamá.

Ella se había quedado sin sus padres, pues mi abuela había fallecido cuando yo era un bebé. Tampoco le pregunté a mi mamá cómo se sentía; pero, creo, ahora, con los años, que son pérdidas con las que aprendes a vivir, aunque jamás se olvidan, pues dejan vacíos en el corazón, en la memoria y en el alma.

He experimentado pérdidas de afecto, con las que, por un momento, sentí que me ahogaba en un pozo profundo, oscuro y sin salida. La primera fue una amiga de primaria que yo adoraba, y que por situaciones familiares se tuvo que mudar a otra ciudad. Haciendo memoria un poco acerca de lo que me costaba y lo que padecía buscando afectos y reteniéndolos, en ese momento sentí que se iba parte de mi corazón con ella. Fue un momento muy difícil de asimilar. Era el primer gran dolor que tenía de perder un afecto y a una persona sin que hubiera sido tocada por la muerte.

Después, vino mi primer divorcio, por inmadurez y malas decisiones. En aquel momento sentía que la vida se me partía en dos; no sabía hacia dónde correr, qué hacer, cómo actuar y qué pensar ni qué decir.

Sólo sabía que me dolía mucho, pues no pensé que eso me pudiera suceder a mí. Entonces aprendí a vivir con pérdidas más dolorosas todavía, porque eran personas que giraban en el mundo igual que yo con diferente dirección, con otros propósitos y con sus propios sufrimientos.

Con el pasar de los años, cuando me despojé de tantas cargas, aceptando que soy tan imperfecta y que mi vida no tenía rumbo, puse mis ojos en Cristo y empecé a sentir una restauración tierna, suave y delicada en esa área de mi vida tan golpeada por mí misma, por mi ignorancia y mi pecado.

Cualquier pérdida que en el mundo experimentemos tiene consuelo, restauración y paz en Dios porque Él otorga la tranquilidad y el entendimiento espiritual que ni las personas ni las circunstancias nos pueden dar.

Aprendí que todas las cosas que nos suceden, incluyendo nuestras pérdidas, están dentro del plan de Dios con un propósito, y debemos ser sensibles a Él, a oír su voz para entenderlo.

"Contempla las obras de Dios: ¿quién puede enderezar lo que Él ha torcido? Cuando te vengan buenos tiempos, disfrútalos; pero cuando te lleguen los malos, piensa que unos y otros son obra de Dios, y que el hombre nunca sabe con qué habrá de encontrarse después" (Eclesiastés 7:13-14).

Hoy, Dios, en su infinita sabiduría, me ha enseñado que si pasé por cada uno de esos procesos fue con el propósito de llevar esperanza de vida a otras personas que han pasado por las mismas situaciones.

Le doy gracias a mi Señor todos los días porque cada experiencia vivida me ha preparado para trabajar con Él, en su obra, llevando un mensaje de esperanza, mostrando a las personas que en Cristo somos más que vencedores de situaciones dolorosas como las pérdidas.

Para aquellas mujeres que han perdido la motivación de vivir por una ruptura, que sienten que no encuentran respuestas y creen que no merecen nada de lo que les ha pasado, sepan que hay unos brazos abiertos, que les están esperando para confortarlas y demostrarles lo mucho que son amadas. Hay labios dispuestos a sellar cada herida con besos suaves, delicados y llenos de amor; y una mano que desea las de ellas para tomarlas y llevarlas por el camino de la renovación, restauración, sanidad y paz que sobrepasa todo entendimiento. Todo esto lo ofrece Jesucristo.

También vivo agradecida, porque puedo compartir con aquellas personas que han dejado ir a familiares y amigos que no es el fin de algo, sino el inicio de una vida plena, eterna al lado de nuestro Padre celestial, y que la vida sólo es un proceso de madurez y de preparación para la vida eterna; la vida gloriosa en Cristo Jesús en los Cielos.

"*Esperando tu salvación se me va la vida. En tu palabra he puesto mi esperanza*" (Salmos 86:81).

Para mí cada día es una preparación para ese momento, y siempre estoy poniendo en el corazón de las personas que más amo, sobre todo en los corazones de mis hijos, que aprendan a ser dependientes de Dios, y no de las personas; ni siquiera de mí. Que tengan siempre puestos sus ojos en el autor y consumador de la fe, que es Cristo; que no pierdan de vista la meta de sus vidas, la cual es Él en los Cielos, para que no se aferren a nada ni nadie, sólo a Dios. Que entiendan que esta vida sólo es preparación para una vida mejor, llena de amor, de paz, alejada del sufrimiento y de los conflictos cotidianos; una vida en donde lo único que se vivirá es la eternidad al lado de Dios.

Esa es mi oración para cada uno de nosotros: que seamos sensibles a la presencia diaria, divina y hermosa de nuestro Padre celestial, que dependamos de Él en todo y para todo, y que nuestros ojos estén puestos en su infinito amor, en lo que nos enseña día a día a través de nuestro Señor Jesús, quien vino, vivió entre nosotros, murió por nosotros y resucitó para que tengamos vida juntamente con Él en los Cielos. Amén.

TIEMPO PARA MEDITAR

Padre, en esta oración te entregamos nuestro corazón sensible, lastimado y lleno de tristeza por la agonía que produce este sufrimiento en nuestra vida para que Tú lo restaures. Venimos ante Ti con oración y ruego, presentando nuestra petición [mencionemos la pérdida que nos cause dolor], porque andamos por fe y no por vista para entregarte a Ti todo lo que somos. Tú nos has dicho que debe bastarnos tu gracia, porque tu poder se perfecciona en nuestras debilidades. Por eso hacemos alarde de ellas, para que permanezca en nosotros el poder de Cristo. Sólo queremos habitar en tu casa y contemplar tu hermosura, porque nuestro bien es estar cerca de Ti, Dios nuestro, estando a la sombra de tus alas, porque eres Tú, Señor, nuestra ayuda. Sabemos que este sufrimiento que ahora siento produce perseverancia en nosotros, entereza de carácter y esperanza al saber que cuando no podemos caminar, en tu presencia caminaremos. Sobre Ti, Jesús, cayeron todas nuestras enfermedades, sufrimientos y pecados; azotado y golpeado por los hombres sobre Ti recayó el castigo, precio de nuestra paz; y por tus heridas es que ahora somos sanos. Hoy nos humillamos y nos entregamos a Ti, Jesús, nuestro camino, nuestra luz, nuestra fe, nuestra esperanza y paz, porque tu gran amor es nuestro consuelo y en tu presencia se purifica el alma. A tu lado nada nos falta y nuestro corazón descansará eternamente en tu presencia. Oramos en tu santo nombre. Amén.

Capítulo 12

El alma seca

Pero Él nos da mayor ayuda con su gracia. Por eso dice la Escritura: «Dios se opone a los orgullosos, pero da gracia a los humildes.» (Santiago 4:6).

Aunque reconozco que no soy una persona que guarda rencor y resentimientos, he podido ver en la vida de personas muy cercanas a mí cómo este sentimiento tan duro, hostil y que cuesta tanto reconocer ha secado sus vidas, y les ha impedido gozar de las bendiciones que el Señor derrama todos los días en ellas.

El rencor, definido como resentimiento tenaz, es como un pozo sin fondo, y cuanto más rencor almacenamos, más oscuro y profundo se vuelve. Una persona que se entrega a este sentimiento se hundirá y se perderá tanto que no sabrá quién es.

Un corazón lleno de rencor es pequeño, la mente se vacía y la vida se convierte en oscura y sombría como la muerte. Un corazón así se llena de envidia, ira, engaño, mentira, cobardía, hipocresía, venganza, odio, olvido, desconfianza, avaricia, soberbia, desdeño, humillación, críticas, etc.

Si nos ponemos a analizar cada una de estas características tan negativas, y las consecuencias en la vida de las personas que las viven y en quienes las rodean, los resultados son devastadores, porque terminan con los sueños, ilusiones y vidas de familias enteras, y se cae en una total soledad disfrazada de comodidad.

La envidia carcome nuestros corazones, haciéndoles sentir siempre insatisfechos y menospreciando todas las bendiciones que Dios da día a día, porque ponemos nuestros ojos en las cosas, e incluso en las vidas de las personas que están frente a nosotros, y eso nos desgasta.

La ira rompe corazones y mata sentimientos, hiere y deja sangrando a un hijo, al cónyuge, a los amigos. Difícilmente se pueden restaurar esas relaciones, porque el miedo hacia la persona que nos golpea con sus palabras y acciones nos aleja.

El engaño y la mentira hacen presas de su falsa realidad a esas personas, quienes creen tanto en sus palabras que se convierten en esclavas de sus propios pensamientos, actitudes y palabras.

La cobardía nos impide reconocer que hemos fallado, herido y que nuestro comportamiento ha hecho daño, en ocasiones, irreversible.

La hipocresía lleva a la persona a pretender ser algo que no es; y aparenta una vida de virtud y de piedad, que está muy lejos de poseer. Vive en aparente religión, legalidad y una fe que no da frutos reales del Espíritu.

La venganza es una actitud incorrecta de hacer justicia, fuera del mandato divino de Dios.

La avaricia es la actitud de un engañador; la soberbia es una estima exagerada de sí mismo, un amor indebido que busca la continua atención de los demás.

El desdeño es el desinterés o menosprecio que se manifiesta por los demás; la humillación se utiliza para herir y rebajar a las demás personas por su posición.

La crítica es como un misil explosivo en las vidas de las personas que son blancos de comentarios y habladurías llenas de maldad y resentimiento.

Con Cristo he aprendido a doblar rodillas en su presencia y a humillarme, pidiéndole que me ayude a ser obediente a su voluntad, a ser como esa persona que yo quisiera que me ministrara cuando caigo; a entender por medio de la luz de su Santo Espíritu que Él es Dios omnisciente y que nos dice que un corazón sana cuando cambia.

Aprender a perdonar a los demás es necesario para ejercitar el perdón recibido de nuestro Padre celestial; debemos perdonar todas estas actitudes negativas de esos corazones, pues sólo representan las carencias que hay en ellos. Todas ellas son manifestaciones que nos duelen; pero, que nos deben llevar a la compasión, en lugar del reproche.

Estas personas llevan su propia cruz, y en lugar de menospreciar sus vidas, necesitamos urgentemente ponernos en oración por ellas, intercediendo y clamando a Dios para que su generosidad y vida se manifieste en su alma y espíritu.

"Porque si perdonan a otros sus ofensas, también los perdonará a ustedes su Padre celestial. Pero si no perdonan a otros sus ofensas, tampoco su Padre les perdonará a ustedes las suyas" *(Mateo 6:14-15).*

Jesucristo mismo dijo respecto a sus opresores que no podía castigarlos, porque eran pecadores e ignorantes de lo que hacían; en lugar de guardar rencor los amó y dio su vida por ellos.

Oremos constantemente porque el amor de Dios fluya en sus vidas, y para que cada actitud negativa en la vida de esas personas sea una ocasión de bendecirlas, orando para que esos sentimientos y actitudes desaparezcan de su corazón y sea injertado el amor más grande y perfecto que hemos conocido: el amor de Dios manifestado y revelado a través de Jesús.

"El amor es paciente, es bondadoso. El amor no es envidioso ni jactancioso ni orgulloso. No se comporta con rudeza, no es egoísta, no se enoja fácilmente, no guarda rencor. El amor no se deleita en la maldad sino que se regocija con la verdad. Todo lo disculpa, todo lo cree, todo lo espera, todo lo soporta. El amor jamás se extingue, mientras que el don de profecía cesará, el

de lenguas será silenciado y el de conocimiento desaparecerá" (1 Corintios 13:4-8).

Nosotros, que nos encontramos con esos corazones inundados por el rencor, debemos vivir una vida íntegra y no juzgar ni condenar, sino perdonar, viviendo en armonía con todos los hermanos, compartiendo con ellos penas y alegrías, practicando el amor fraternal, siendo compasivos y humildes. No devolviendo mal por mal sino bendiciendo (1 Pedro 3:8-9), viviendo a través del amor de Cristo, clamando por la sabiduría que proviene de lo alto y por el conocimiento que endulzará nuestras vidas; siendo discretos para que Dios nos libre del mal (Proverbios 2:10-12) y encomendándonos al Señor para que nos sostenga para no caer (Salmos 55:22).

TIEMPO PARA MEDITAR

Padre, venimos a Ti con un corazón contrito que necesita ser quebrantado y restaurado. Ayúdanos a ser obedientes a tu voluntad para saber perdonar las ofensas y ser perdonados por Ti, para no juzgar a nadie y no ser juzgados por Ti; para que oremos y para que perdonemos si tenemos alguna queja contra alguien. No queremos, Señor, guardar ningún resentimiento, aun cuando alguien pecara en un mismo día siete veces contra nosotros. En ese momento otórganos, Padre, la dicha de perdonarlo en cuanto venga a nosotros arrepentido. Tú, Padre mío, mi Dios omnisciente, sabes que nuestro corazón puede sanar y cambiar con la ayuda de tu gracia, cuando reconocemos en nosotros, humildad. Queremos confiar en Ti siempre, y no en nuestra propia inteligencia, para que allanes nuestras sendas y vivamos en armonía con los demás, compartiendo penas, alegría y practicando el amor fraternal. No queremos devolver mal por mal; enséñanos a bendecir, a vencer el mal con el bien para heredar bendición. Sabemos que la mentalidad que proviene del Espíritu es vida y paz; sé que no permitirás que el justo caiga, porque Tú eres amor. Tu amor todo lo sufre, todo lo cree, todo lo espera, todo lo soporta; tu amor nunca deja de ser, y para experimentar esta clase de amor necesitamos que nuestro corazón esté rendido a Ti. Perdónanos Señor, y borra de nuestro corazón cualquier sentimiento de rencor que nos impida llegar a Ti y purifícanos. En el nombre de Jesús. Amén.

Capítulo 13

*A*cabando con la depresión

Nos vemos atribulados en todo, pero no abatidos; perplejos, pero no desesperados... (2 Corintios 4:8).

*C*uando me preparaba para escribir este capítulo tuve que hacer una regresión a los momentos de mi vida en los que pude haber atravesado estados depresivos, ya que algunas experiencias fueron dolorosas, y en su momento, marcaron mi corazón con profunda tristeza, con la necesidad de estar a solas conmigo misma y no querer a nadie más, escapando del mundo para no permitir que nada me volviera a dañar por causa mía o de los otros.

Traté, incluso, de recordar el momento exacto en el que pensé en la depresión como un estado por el cual atravesé, puesto que escribí algo al respecto.

Sin embargo, estudiando un poco sobre lo que era la depresión entendí que, por la misericordia de Dios, sólo viví momentos depresivos, y por mi carácter fuerte y autosuficiente del cual yo hacía alarde, no me permití mantenerme en esa situación por mucho tiempo (y soy honesta, es la primera vez que agradezco esa manera mía de ser).

Gracias a esa fortaleza no caí en un estado depresivo intenso el cual hubiera arrasado con lo poco que quedaba de mí y con mis hijos. Dios siempre puso en mi corazón la claridad de que tenía personas muy importantes por las cuales estar bien, y cosas por las que tenía que mantenerme de pie y vigorosa.

Fue esa fuerza interna, que ahora reconozco que era Dios y su inmenso amor, lo que me ayudaría a experimentar libertad, y ya no ser dependiente de ese oscuro estado de vida que algunas personas, en su mayoría mujeres, vivimos y no aceptamos: la depresión.

Antes de hablar de cómo Dios puede cambiar la depresión, que no es otra cosa que la oportunidad que le damos al enemigo para que llene nuestros pensamientos y sentimientos de oscuridad, y quite el gozo y la tranquilidad, voy a explicar brevemente lo que aprendí sobre el tema.

Esto nos ayudará a establecer con claridad la solución que tenemos en la infinita misericordia y gracia de Dios, y en el infinito amor y sabiduría que nos ofrece en su Palabra.

Se dice que la depresión significa abatido, derribado, y que es un estado de abatimiento e infelicidad que puede ser transitorio o permanente. Afecta, principalmente, la esfera afectiva con tristeza, decaimiento, irritabilidad. Es un trastorno en el humor capaz de disminuir el rendimiento laboral, limitar la actividad vital habitual, etc.

Pueden existir sentimientos de desesperanza y desaliento, y es muy importante no ignorarlos o pensar que pasarán con el tiempo. Es posible identificar a la depresión claramente mediante los siguientes síntomas cuando son prolongados en tiempo (más de dos semanas).

• Persistente tristeza y pesimismo.
• Sentimientos de culpabilidad.
• Pérdida de interés o placer en las actividades normales incluso en las relaciones afectivas con los hijos o la pareja.
• Dificultades para recordar hechos o cosas.
• Empeoramiento del estado general de salud (las personas se enferman de todo y casi siempre es una enfermedad nueva cada nuevo día).

• Cambios en los hábitos de comer (pérdida o aumento de peso) y de dormir.
• Cansancio.
• Irritabilidad y pérdida de energía.
• Dolores de cabeza, estómago, etc.

Es muy importante, entonces, que cuando reconozcamos estos síntomas en nosotros mismos, o los veamos en un amigo o familiar, procedamos como es debido, poniéndolos en las manos de un especialista, para que con ayuda médica puedan controlar este estado. Esta es la solución que el hombre ofrece, y es buena, porque Dios estableció a los doctores y a los medicamentos también como instrumentos de sanidad.

Sin embargo, Dios nos ofrece una medicina infalible, divina, eterna y eficaz para siempre. Tomemos nuestra Biblia, abrámosla y encontraremos el antídoto perfecto: Cristo.

En Dios hay esperanza de vida; no importa cuál sea la situación por la que estemos pasando o sintamos que no nos merecemos lo que está sucediendo. En esta vida no somos merecedores o desmerecedores de situaciones cotidianas, pues simplemente, ya que somos humanos y vivimos en un mundo imperfecto, debemos estar conscientes de que cualquier cosa que pase es circunstancial, y no está ahí para afectarnos toda la vida.

No debemos aferrarnos a ellas, lamentándonos: "¿Por qué a nosotros?". Están para que levantemos nuestros ojos y clamemos a Dios por su ayuda, fortaleciendo nuestro carácter, doblegando nuestro orgullo ante la presencia del Único que nos guiará a la solución, con la esperanza de que en sus manos estamos bien. Es necesario poner nuestra esperanza en Cristo y en su divino poder para confortar.

"Y esta esperanza no nos defrauda, porque Dios ha derramado su amor en nuestro corazón por el Espíritu Santo que nos ha dado" (Romanos 5:5).

No importa la pérdida que estemos sufriendo, el conflicto laboral que no parece tener solución, los hijos que, por algún momento, se desviaron del camino correcto mientras sentimos que hemos fallado, el esposo que deja de interesarse por la esposa, los cónyuges que ya no se buscan, la frase "Te quiero" que se ha olvidado o que ha dejado de ser lo más importante en la relación… Sucede que los seres humanos olvidan que son hechura de Dios para agradarle a Él, y de ahí que, cuando una pareja se extravía en el amor, ciertamente es por la ausencia de Dios en sus vidas.

Los planes del Padre, los cuales son divinos y perfectos, se renuevan cada mañana para cada uno de nosotros, y esas situaciones, a diario, tienen una esperanza de tener solución, sin temor y con la fe puesta siempre en Jesús.

"Así que no temas, porque Yo estoy contigo, no te angusties, porque Yo soy tu Dios. Te fortaleceré y te ayudaré; te sostendré con mi diestra victoriosa" (Isaías 41:10).

Cuando estemos cerca de una persona depresiva debemos llenarla de amor, comprenderla y no compadecerla; ser sinceros y claros con ella en nuestro hablar, y no ocultar la realidad de ese momento, sino ofrecerle toda la ayuda e interés por brindarle soluciones. Debemos dejar abierta la posibilidad de las soluciones infinitas en la Palabra de Dios, y hacerle saber que el Señor inunda nuestro interior y que nos da vida a través de su santo Espíritu.

Al descubrir la grandeza de su amor cuando se queda con nosotros y alimenta nuestra vida con su cuerpo y su sangre, nuestra existencia entonces se transforma en verdadera vida en el Espíritu. No hay pena o circunstancia que nos deje abatidos por siempre, y no hay problema que desespere tanto nuestras vidas que no podamos controlarlas en el poder que nos da Cristo Jesús.

"Nos vemos atribulados en todo, pero no abatidos; perplejos, pero no desesperados"... (2 Corintios 4:8).

Recuerdo, en este momento, una conversación con una amada hermana en Cristo, y por quien estoy tan agradecida con Dios por la bendición de tenerla como mi amiga, y que sea parte de mi vida.

Una mañana le llamé para preguntarle cómo se encontraba, y me describió que se sentía deprimida, sin ganas de nada, acostada, con frío. Lo primero que se me vino a la mente fue decirle: "No, no, no. Nada de depresiones. Levántese de esa cama, tome su Biblia y llénese de Dios. Le aseguro que, cuando menos lo piense, ya no se sentirá así, porque Jesús la va a llenar".

Sentí un gozo por la tarde, cuando fui a visitarla, pues andaba barriendo su acera, con un semblante lleno de paz, haciendo algunas labores de su hogar muy bien, a pesar de que en ese momento se sentía un poco cansada por un dolorcito que traía en su rodilla.

Dios, que llena los corazones y cambia cualquier tristeza, desesperación y depresión en paz interior, me produce una admiración profunda, y lo que haces es que me impulsa a adorar y a servir con todo mi corazón por puro amor, por lo que Dios hace en nosotros cuando realmente nos rendimos a su poder y con humildad reconocemos su perfecto amor obrando en nuestro interior.

Preciosa hermana, querido amigo, no permitamos que el enemigo nos robe la paz y la dicha de tener una vida plena. Él no vino más que a robar; pero, Jesús vino a devolvernos todo lo que en algún momento nos fue quitado por los pecados y las fallas en nuestro carácter y personalidad.

No permitamos que una situación adversa se entronice en nuestra alma; dejemos que fluya el poder sanador y restaurador de Dios en nuestra vida. No permitamos que nuestro carácter y personalidad se vean influenciados por el mal, y dejemos al Espíritu Santo morar dentro nosotros... Vivamos nuestra vida en el espíritu.

"El ladrón no viene más que a robar, matar y destruir; Yo he venido para que tengan vida, y la tengan en abundancia" (Juan 10:10).

Démosle el honor a Dios con nuestra vida y todo nuestro ser, que su luz admirable llene la oscuridad de nuestra alma y las personas a nuestro alrededor la puedan ver.

"...al único inmortal, que vive en luz inaccesible, a quien nadie ha visto ni puede ver, a Él sea el honor y el poder eternamente. Amén" *(1 Timoteo 6:16).*

TIEMPO PARA MEDITAR

Señor, ayúdanos a poner nuestra esperanza en Ti. Tú, que te sientes atraído hacia los humildes, permítenos humillarnos ante Ti y admitir que te necesitamos con desesperación. Tú eres nuestra Lámpara. Padre, alumbra nuestras tinieblas, pues no podemos borrar el pasado ni sus consecuencias; pero, como hijos de Dios, cada desilusión nos lleva cautivos a Ti y nos das paz, gracia y esperanza. Haz que tu luz amanezca en nuestra densa oscuridad para no seguir caminando en las tinieblas. La victoria no está en tener que luchar contra la depresión; porque nuestra lucha no es contra seres humanos; es contra poderes, autoridades; contra potestades que dominan el mundo de tinieblas, contra fuerzas malignas en las regiones celestiales. Sin embargo, en todo esto somos más que vencedores por medio de Cristo Jesús que nos amó. Así que ya no tememos Jesús, porque Tú estás con nosotros; no hay angustia porque Tú eres nuestro Dios. Nos fortaleces y nos ayudas, nos sostienes con tu diestra victoriosa. Sabemos que la derrota está en claudicar y no nos rendimos; nos vemos abandonados en todo, pero no abatidos;

perplejos, pero no desesperados, porque Jesús ha venido para que tengamos vida, y la tengamos en abundancia. Conforta nuestro corazón, Señor Jesús, en amor con Dios, en obras de fe. Padre, te pedimos perdón por cada vez que te hemos culpado de nuestra desesperanza, pues Tú eres el Dios de la esperanza; eres la bendita esperanza en persona, y en Ti caminaremos y esperaremos. En el nombre de Jesús. Amén.

Capítulo 14

Una actitud de pureza

*¿Acaso no saben que su cuerpo es templo del Espíritu
Santo, quien está en ustedes y al que han recibido de
parte de Dios? Ustedes no son sus propios dueños; fueron
comprados por un precio. Por tanto, honren con su cuerpo
a Dios (1 Corintios 6:19-20).*

*P*ara los queridos papás:

Querida mamá y querido papá, que el tiempo
de estar con sus hijos sea tiempo de calidad,
amor, aprendizaje mutuo y confianza absoluta.
No permitan que se les vayan los mejores años
de la infancia y las experiencias de la adolescencia; no sea que lleguen ellos a la juventud
experimentando situaciones dolorosas y tomando decisiones sin la guía del amor. El abandono

hace que el joven actúe por corazonadas o buscando el consejo de los amigos, quienes adolecen de lo mismo que ellos.

Que la confianza entre ustedes y sus hijos sea tanta que puedan llegar de niños a sus piernas y llorar por el juguete roto, y que de adolescentes la puerta de sus cuartos estén abiertas para compartir un dulce pedazo de pastel; que se derramen en llanto por ese primer amor que les destrozó el corazón; que de jóvenes puedan seguir sus consejos respecto a los problemas que alteran su paz o cuando no sepan cómo resolver ese momentos de cuidar su cuerpo para el amor verdadero.

Que no anden saltando en relaciones sexuales que dañan sus emociones y que dejan huellas casi devastadoras porque buscaron refugio en brazos que ofrecían amor e interés momentáneo. Es mi oración que Dios los guíe en sabiduría y madurez para estar con sus hijos sin límites ni ataduras por toda la vida, en excelente comunicación y amor inquebrantable. Lo deseo para ustedes y para mí en el nombre de Jesús Amén.

He llegado a un momento, en este recorrido, en el que me pongo frente a mi computadora y mi mente se queda en blanco. Sabiamente Dios me trajo en este relato tan significativo y sanador a un tema que es delicado abordarlo para mí, por los tiempos que estamos viviendo y por las experiencias personales.

Al final de este testimonio me encuentro con una realidad que afrontar, y que no se cómo manejar. Pido, al Espíritu Santo, que sea Él quien guíe mis pensamientos para poder plasmarlos correctamente y con claridad.

Antes de empezar a escribir estas líneas, mientras preparaba la comida, estaba viendo un programa de televisión (que debo confesar, me entretiene… No sé si es la conductora, no creo el formato), en el cual, analizándolo correctamente, empecé a discernir el error tan grande en que están envueltos la mayoría de los jóvenes, por no decir que todos, respecto a las relaciones sexuales con diferentes parejas antes de llegar a formalizar y casarse (que ahora, en la actualidad, es de las cosas que menos están en sus planes). Formar una familia mediante el vínculo del matrimonio ya no parece interesante para los jóvenes, pues programas como éste fomentan que las relaciones sexuales con sus novios o con parejas informales sean parte de la vida diaria y tan natural como respirar.

Ahora, los muchachos, desde temprana edad (13-14 años, en la etapa de la adolescencia) están mejor informados de métodos anticonceptivos y bombardeados por series de televisión, música, revistas, Internet, etcétera, respecto a la espontaneidad y derechos que tienen sobre sus cuerpos y el abuso de su sexualidad desde esta edad.

Sin embargo, es muy importante para nosotros, padres, que anhelamos educar a nuestros hijos con principios bíblicos y respetuosos de ellos mismos, que no nos acoplemos a la corriente actual de libertad en exceso (libertinaje). No tenemos por qué ser tan permisivos con nuestros hijos. Hoy, por temor a que se molesten con nosotros, accedemos a toda clase de demandas con tal de que "No se enoje el muchachito" (o la muchachita), sin darnos cuenta del daño tan grande que les estamos ocasionando y el abismo que estamos abriendo entre ellos y nosotros.

Cuando los hijos estamos tan alejados de los padres, cometemos grandes errores, cuyas consecuencias, incluso, tenemos que afrontar por el resto de nuestras vidas.

Sin hablar ya del peligro que corren nuestros hijos con la juventud ya desbordada, debemos tener en cuenta con quiénes andan nuestros hijos para prevenirlos de situaciones que después no puedan controlar o que ya no tengan remedio. En especial cuando un hijo no siente el afecto de sus padres, busca en los amigos o en el novio o novia, ese cariño, esa atención que no tiene en casa; sin darnos cuenta los arrojamos a las garras del enemigo, y caen en sus trampas.

Desde pequeños debemos establecer con nuestros hijos una relación abierta de verdadero amor, respeto y plena confianza para que no tropiecen, enseñándoles que deben amarse a sí mismos, respetar sus cuerpos, y sobre todo, hablarles de los riesgos que lleva consigo tener relaciones sexuales a temprana edad; lo delicado que es brincar de relación en relación buscando afectos, porque las consecuencias, más que frustraciones afectivas, pueden ser físicas (como enfermedades o embarazos no deseados), pueden ser emocionales, y de igual forma, también dejar huellas profundas y consecuencias irreversibles.

Este tema, en lo personal, toca lo más profundo de mi vida, porque viví una etapa muy dolorosa, en la que al buscar afectos en otras personas, caí en una relación que me marcó en mis primeros años de juventud. Al no tener los brazos dispuestos en casa los busqué en otra persona, y la dependencia y el sentimiento de culpa me siguieron y me marcaron.

La autoestima por los suelos y los sueños rotos son muchas de las consecuencias que tuve que pagar, porque era una jovencita viviendo una etapa de adulta, aunque en completa inmadurez y con la falta de dominio de mis sentimientos.

El anhelo de mi corazón es que muchas madres, como yo, estén alertas a los cambios que este mundo tiene para que nuestros hijos no se vean envueltos; que tengamos absoluta confianza con ellos y excelente comunicación en temas tan importantes como la sexualidad; que no se vuelva tabú en nuestras conversaciones y seamos las guías idóneas para nuestros hijos. Que siempre estemos dispuestas a escucharlos y entenderlos, aunque en ocasiones no nos agrade nada de lo que estamos oyendo, para que vengan a nosotras y sepan que, cualquier cosa que esté sucediendo, no nos escandalizará, y estén seguros de que vamos a tener las palabras correctas que ellos necesitan escuchar.

Debemos ser sencillos y firmes para enseñarles que su cuerpo es la creación perfecta de Dios, que le pertenece a Él y que lo deben cuidar para Él. Dios nos creó como pareja que se complementan, varón y mujer, donde no sólo se entregarán físicamente, sino que serán continuadores de la vida que Dios da.

La unión del hombre y la mujer es más que simple relación sexual; es la integración física, espiritual y emocional donde los dos forman un solo cuerpo.

Es necesario exhortarlos a entender este principio fundamental y a ser inteligentes para llegar puros y realmente enamorados a un matrimonio saludable y feliz, manteniéndose completamente fieles a este sueño y a entregarse de manera incondicional a esa persona que escogerán para ser su compañía, su ayuda idónea y su amor verdadero.

Yo, como madre, con base en mi experiencia, trabajo día con día en establecer eslabones fuertes entre mis hijos y yo, para que encuentren en mí a la persona que no solamente provee y satisface sus necesidades físicas e inmediatas, sino que cada día llena sus corazones con el alimento sólido a través del amor de Dios que fluye desde mi interior hacia ellos, siempre tomada de su mano y sostenida con su Palabra, para que así lleguen ellos a comprender que la base de una familia son el hombre y la mujer unidos por el amor, como dice la Palabra en 1 Juan 4:8: "Dios es Amor".

TIEMPO PARA MEDITAR

Padre amado, reconocemos delante de Ti que nuestro cuerpo es templo del Espíritu Santo, que somos de Cristo, y por lo tanto no debemos tomar ninguna de sus partes para cualquier tipo de unión sexual fuera del matrimonio. Queremos hacer tu voluntad y presentamos nuestro cuerpo como sacrificio vivo, santo y agradable a Ti, porque hemos sido crucificados con Cristo y ya no vivimos nosotros sino Cristo vive en nosotros, y lo que ahora vivimos en el cuerpo, lo vivimos por fe en tu Hijo amado. Deseamos amarte con todo el corazón, con todas las fuerzas, con toda la mente; quebranta nuestro corazón para no caer en la tentación, vivimos para amarte y estar bajo tu amparo. Crea en nosotros un corazón limpio y renueva un espíritu nuevo dentro de nosotros. Dios mío, creemos en Ti y en tu misericordia para amar, redimir, perdonar y justificar nuestros peores actos contra Ti. Creemos en el ejemplo más vivo de infinito amor, misericordia e incomparable perfección: Jesucristo. Necesitamos que nuestra vida se impregne de tu Santo Espíritu y sea una historia de amor entregada a Ti. Bendícenos Señor y acompáñanos. Te lo pedimos en el nombre de Jesús. Amén.

Epílogo

Olga siempre se ha impresionado cuando menciono los años que llevamos de conocernos y de ser amigas. Dice que no debo ser tan específica, porque la gente se daría cuenta de que ya no somos tan jóvenes. A mí no me importa decir mi edad, y por el contrario, me alegra darme cuenta de que han pasado ya veinticuatro años de hermosa y profunda amistad.

Hemos pasado por diferentes etapas. Hubo un tiempo en el que todo era risas y juegos; pasábamos por la adolescencia y la juventud. Después tomamos caminos muy diferentes que nos apartaron durante un tiempo.

Cuando entregué mi vida a Cristo tenía en mi corazón un gran deseo de que Olga conociera lo que yo estaba experimentando. Regresé, le compartí la Palabra, y definitivamente, Dios se encargó de sembrar y hacer crecer esa semilla en su corazón.

Tuvo que pasar por momentos muy dolorosos hasta encontrarse cara a cara con Jesucristo. En ese tiempo, su situación la tenía en un estado de frustración y condenación del que solamente el Salvador podía sacarla.

Cuando Dios iluminó su corazón para mostrarle un futuro muy diferente del que la gente decía que tendría, ella abrazó con fe esta promesa y empezó a caminar dando pasos seguros en lo que el Espíritu de Dios le iba guiando a hacer.

Volcó completamente todas sus esperanzas en el Dios fuerte y consolador que se le iba revelando, y eso fue apenas el comienzo de lo que sería su nueva vida en Cristo. Revirtió por completo todas las tendencias que naturalmente se originarían dada su situación y su vida empezó a dar señales de amor, perdón, alegría y confianza, mismos elementos de los cuales fueron llenos sus hijos.

Me gozo profundamente al ver que la semilla que fue puesta en su corazón ha dado un fruto hermoso que le da toda la gloria y honra a nuestro Señor Jesucristo. Dios ha puesto un potencial enorme en la vida de Olga, y ella lo sabe porque le ha creído. Este libro nos habla de lo que se puede lograr cuando nos ponemos en las manos de Dios de una manera absoluta.

No sólo ha sido bendecida por Dios, sino también ha sabido vivir bajo la gracia de Él, pues solamente de esa manera se puede salir victoriosa de la condición en la que se encontraba.

Su testimonio habla del poder y del amor de nuestro Señor, los cuales están disponibles para todo aquel que cree. Ella ha creído y ha recibido. Este libro es una muestra de ello.

Elia Diana Vázquez de S.

$\mathcal{R}$eferencias bíblicas

Capítulo 1: Vivir agradecidos con Dios

Salmos 103:2. 1 Tesalonicenses 5:18. Filipenses 4:8.

Capítulo 2: Vivir únicamente para Dios

Deuteronomio 6:5. Lucas 11:9-10. Salmos 143:8. Juan 14:16. Proverbios 1:7; 5:6. Filipenses 2:5. 1 Timoteo 1:17. Filipenses 1:21. Deuteronomio 5:7. Juan 16:7-11. Filipenses 4:13. Santiago 4:3.

Capítulo 3: Venciendo la incredulidad

Mateo 5:8. Mateo 9:36. Cantares 8:6.

Capítulo 4: La humildad doblegando nuestro orgullo

2 Reyes 19:22. Lucas 1:46-48. 2 Crónicas 7:14. Lucas 1:52. 2 Crónicas 26:16. Efesios 4:2. 2 Crónicas 32:26. Santiago 4:10. Salmos 73:6. 1 Pedro 5:6. Proverbios 8:13. Colosenses 3:12. Jeremías 49:16. Tito 3:2. Mateo 11:29. Deuteronomio 8:16.

Capítulo 5: Renovar el corazón

Génesis 3:13. Juan 14:6. 1 Juan 1:9. Isaías 44:20. Santiago 5:16. Juan 15:26. Salmos 119:30. Juan 16:13. Salmos 119:43. Juan 17:17. Salmos 31:5. Romanos 7:25. Salmos 51:10. Efesios 4:13-15. Proverbios 23:23. 1 Juan 3:19. Proverbios 4:23. Tito 3:3. Juan 8:31-32. Hebreos 4:12-13.

Capítulo 6: ¿Por qué no sentirnos amados?

Salmos 143:8. Romanos 8:38-39. Salmos 25:4-7. Salmos 100:5. Salmos 48:9. 1 Juan 4:9-10. Lamentaciones 3:22-24. Proverbios 19:22. Isaías 54:10. Isaías 53:3-6. 1 Juan 3:19-20. 2 Corintios 5:14-15. 1 Corintios 5:8. Salmos 84:11. Romanos 5:8. Isaías 51:12.

Capítulo 7: ¿Por qué rechazada?

Efesios 2:17-22. Salmos 27:10. 1 Samuel 12:22. Salmos 9:910. Deuteronomio 7:6-9. Juan 17:24-26. 2 Corintios 2:14-15. Juan 14:26-27. Romanos 8:16-18. Salmos 23:1-3. Isaías 45:23. Lucas 6:22-23. Deuteronomio 23:5.

Capítulo 8: Ser verdaderamente libres

Mateo 5:35. Romanos 12:21. Proverbios 28:13. Romanos 13:14. 1 Juan 1:8. Gálatas 2:19-20. Salmos 139:14. Gálatas 5:16. Romanos 6:14,16, 19, 22. Efesios 2:4-5. Romanos 7:18. Filipenses 2:13. Romanos 8:1-2,9-11, 28, 31. Filipenses 4:13. 2 Timoteo 1:7. 1 Pedro 5:7.

Capítulo 9: venciendo a un gigante

Gálatas 5:1. 1 Juan 5:4-5. Gálatas 5:22-23. Salmos 20:4. Salmo 62:5-8. Efesios 2:8-9. Romanos 12:1-2. Efesios 6:11. Filipenses 3:13-14. Romanos 8:1. Marcos 4:19. Filipenses 4:8. Lucas 9:23. Mateo 5:6.

Capítulo 10: Dejando la culpa

2 Reyes 22:19. Hebreos 12:6. Salmos 6:9. 2 Timoteo 2:13. Jeremías 31:9. Lucas 5:24. 2 Timoteo 2:25-26. Romanos 8:33-34. Apocalipsis 3:19. Proverbios 28:13. Romanos 8:1-3. Jeremías 14:20.

Capítulo 11: aceptando las pérdidas

Isaías 53:4-5. Salmos 23:1. Jeremías 29:11. 2 Corintios 4:17-18. Eclesiastés 7:13-14. 2 Corintios 12:9. Proverbios 3:5-6. Filipenses 4:6-7. Salmos 119:76-77. Salmos 73:23-26. Salmos 86:5-7. Salmos 63:7-8.

Capítulo 12: El alma seca

Mateo 6:14-15. Lucas 7:4. Mateo 7:1-2. Proverbios 20:22. Marcos 11:25. Romanos 12:21. Santiago 2:12-13. 1 Pedro 3:8-9. Lucas 6:37. 2 Corintios 5:14. Lucas 6:22-23. Santiago 4:6. Proverbios 2:10-12. Proverbios 3:5-6. Proverbios 21:23. Salmos 55:22.

Capítulo 13: Acabando con la depresión

2 Corintios 7:6. Mateo 6:23. Romanos 5:5. 1 Timoteo 6:16. Isaías 41:10. Efesios 6:12. 2 Corintios 1:8. Romanos 8:37. Juan 10:10.

Capítulo 14: una actitud de pureza

1 Juan 3:19. Filipenses 4:6. 1 Corintios 6:19-20. Salmos 119:66,68. Romanos 5:8. Proverbios 3:11-12. Hebreos 10:10,15. Proverbios 4:23-24. Colosenses 3:1. Hebreos 5:14. Jeremías 17:9. Efesios 1:20. Gálatas 2:20. Lucas 7:47. Salmos 18:1; 28-30. Éxodo 15:6-7.

Todas las citas bíblicas mencionadas en este libro están tomadas de la Biblia Nueva Versión Internacional (NVI).

Frases principales

"Fue en esa noche de angustia, cuando sentía que mi vida se rompía en mil pedazos, que Jesús ganó la primera victoria en mi vida".

"Cuando aprendemos a ser agradecidos las puertas del Cielo se nos abren".

"Nada me preocupa, sino Dios, y ya decidí entregarle mi reputación a Él".

"El rencor empequeñece al corazón, vacía nuestra mente y la vida se oscurece como sombría muerte".

"En Dios hay esperanza de vida… Él es el Dios de la vida".